中国哲圣人物丛书

图说孟子

孔詰 著

山东友谊出版社

中国圣贤人物丛书
图说孟子
孔喆 著
山东友谊出版社

第三章 孟子及其思想的影响

序

2006年年初，拙编《图说孔子》出版后，山东友谊出版社就约我编写《图说孟子》一书，由于全国哲学社会科学研究基金项目《世界孔子庙研究》急等结题，当时无暇编写，就想等《世界孔子庙研究》结束后马上着手。谁想到该课题越做越难，孔子庙遍及中国、朝鲜、越南、日本诸国，南洋、欧、美也有零星分布，资料很难找，而且牵涉到很多语种，有韩语、日语、越语、英语、马来语、印尼语、法语等。难度越来越大，课题也越做越大，原来设想的三十万字竟然扩大到七十多万字，图片增加到一千三百多张。《图说孟子》迟迟不能着手，自觉很对不起山东友谊出版社，只好先让儿子孔喆帮忙查找资料。查找资料后不久，他自告奋勇说自己来试试，我想也好，让他锻炼锻炼，即使不能用，提供一个草稿供我修改也能节省不少时间。没有想到，书稿交给我一看，竟然基本可用，于是略作润色，交与出版社去审定。

《图说孟子》分别介绍了孟子的生平、思想及其在国内外的影响，是目前比较全面地介绍孟子的著作。

由于现存文献中孟子的事迹比较少，本书主要依据《孟子》中孟子的行迹，参照前人的研究成果进行系年。在对孟子事迹进行系年时，也并不是完全照搬前人的观点，而是进行考证分析，提出了一些自己的观点。如旧史中说孟子三岁丧父或早年丧父，本书作者就依据孟子处理母亲丧事超过了父亲的丧事被别人非议为“后丧逾前丧”的记载，推断孟子绝非三岁或早年丧父，因为年幼的孟子是不会亲自处理父亲的丧事的，孟子没有处理父亲的丧事也就不应该承担“后丧逾前丧”的责任。

又如前人多认为孟子 42 岁时曾经居住在平陆，本书作者认为平陆是齐国的边境小城，孟子是不可能去寄住的，孟子与平陆孔距心的谈话应该是他在第一次去齐国的途中，也就是 44 岁时。作者还分析了孟子与齐宣王关系的变化，关于商汤放桀、武王伐纣是否弑君的问答表明双方已经产生隔阂；孟子批评齐宣王不尽心治理国家逼得齐宣王“顾左右而言他”使矛盾加剧；齐宣王托病不就见，而孟子亦托病不朝，但次日故意外出吊丧，说明双方已经到了彼此都不愿相见的地步，所以孟子只好辞官离开齐国。

关于孟子思想在海外的传播与影响，过去学者做了一定的工作，但还比较简单。本书此部分内容虽然也不够丰富，但许多资料都是第一次发表，仍然具有一定的价值。如孟子思想传入日本的时间，由于史书没有记载，日本学者一般认为，天长四年（827 年）成书的《经国集》中已经引用了《孟子》，是引用《孟子》最早的史料。但本书作者发现，推古十二年（604 年）日本颁布的《宪法十七条》第十四条中的“是以五百岁之后乃今遇贤”是从《孟子》的“由尧舜至于汤五百有余岁”“由汤至于文王五百有余岁”“由文王至于孔子五百有余岁”化来的，从而证明 7 世纪初日本人已经很熟悉《孟子》了。

本书的行文也很有特色。“孟子的生平”一章没有直接引用《孟子》原文，而是将古文翻译成白话文，这是为了方便一般读者；译文后面加注《孟子》原文的篇章序号，这是为了方便有兴趣的读者阅读原文。“孟子的思想”一章采用直接引用原文而加以白话文说明的方式，之所以这样处理是因为介绍孟子的思想不用原文很难让人准确了解，而且《孟子》的语言非常优美，典故名言很多。

本书是作者的第一本此方面的作品，显得比较稚嫩，有些观点也值得商榷，但瑕不掩瑜，还是值得一读的。因为要说明本书编写的经过，所以略作数语，置于书前。

孔祥林

前言

孟子石刻像

我出生在曲阜孔府，儿时常在孔子庙玩耍，看惯了苍翠的古老桧柏，高耸挺拔的树干，团团如盖的树冠，全如雍容大度学者的风范。略大一些，去孟子庙参观，却发现那里的桧柏与曲阜孔子庙的全然不同，桧柏枝短叶稀，树干拔地插天，仿佛是一个个凛然不可侵犯的志士。曲阜孔子庙与邹城孟子庙相距只有二十多公里，同样的桧柏，为什么有这么大的差别呢？这个疑问，在我脑子里存在了将近二十年。去年，父亲要我帮他查找有关孟子的资料，了解到孟子至大至刚的浩然之气和“富贵不能淫，贫贱不能移，威武不能屈”的大丈夫性格，我才豁然开朗。古人说文如其人，其实树也如此，孟子庙里的桧柏感染了孟子的浩然正气，体现出凛然不可侵犯的大丈夫品格。

战国时代，“圣王不作，诸侯放恣，处士横议”，是中国历史上十分混乱的时期。政治上各国合纵连横，朝秦暮楚，相互攻伐，“争地以战，杀人盈野；争城以战，杀人盈城”，给人们带来沉重的苦难；思想上，虽然是百家争鸣，但“杨朱、墨翟之言盈天下。天下之言，不归杨则归墨”，儒学由于孔子及其弟子的去世，后学凋零，已经式微。正是在这种形势下，孟子应运而生。他“言必称尧舜”，主张法先王，以仁义治国，实行仁政；主张民贵君轻，以民为本，与民同乐，保民而王；反对非正义的战争，反对以武力称霸，主张以德服人，以王道统一天下；主张贵德尊士，尊贤使

孟子庙桧柏

能，进行社会教化；主张制民之产，使人民“仰足以事父母，俯足以畜妻子，乐岁终身饱，凶年免于死亡”；主张轻徭薄赋，减轻对农民的剥削；主张扶植发展商业，等价交换，实行社会分工。为了实现自己的政治理想，孟子也像孔子一样，长期周游列国，到处宣传自己的政治主张，寻找推行自己政治主张的机会。他曾先后游说齐、宋、滕、梁诸国，奔波了十几年，最后才被齐宣王聘为客卿。在崇尚武力的战国时代，孟子的仁义主张是那么的不合时宜，虽然孟子在齐国待了大约五年，但并没有多少建树，随着与齐宣王矛盾的逐渐加深，孟子不得不主动辞官返回故里。和孔子一样，孟子晚年在故乡收徒设教，并与弟子万章、公孙丑等将自己的答问记录等整理成《孟子》一书。

与孔子一样，孟子也不是成功的政治家，但是他的思想却对后世产生了重大影响。孟子是继孔子之后的又一位儒学大师，他全面继承并发扬了孔子的思想，把儒学发展到一个新阶段。他的许多政治主张成为历代统治者治国的有效措施，他的心性天命学说等成为宋明理学的主要源头，他的道德修养理论成就了中华民族的优秀美德。他“天将降大任于是人也，必先苦其心志，劳其筋骨，饿其体肤，空乏其身，行拂乱其所为”的励志名言，激励中华民族在艰难困苦中磨炼自己，充实自己，提高自己，永不放弃，努力奋斗；他“居天下之广居，立天下之正位，行天下之大道”的胸怀，“富贵不能淫，贫贱不能移，威武不能屈”的大丈夫品格，“配义与道”“集义所生”的浩然正气，“舍生取义”的人生价值取向，激励着世代中华儿女坚贞不屈，为国家和民族的利益勇于奉献自己的一切；他“人皆可以为尧舜”的道德修行观点，尽心知性、知言养气、“万物皆备于我”、“反身而诚”等修养方法，丰富了中华民族的修身理论；他“穷则独善其身，达则兼善天下”的处世态度，“乐以天下，忧以天下”“忧民之忧”“生于忧患而死于安乐”的忧患意识，促成了中华民族忧国忧民、济世惠民的优秀传统；他“老吾老以及人之老，幼吾幼以及人之幼”“亲亲而仁民，仁民而爱物”的情怀，“数罟不入洿池”“斧斤以时入山林”的可持续利用意识，促成了中华民族关爱他人、爱护自然万物的风尚；他仁义礼智、忠信孝悌等伦理观念，仁宅、礼门、义路、居仁由义的行事准则，“爱人者人恒爱之，敬人者人恒敬之”的观点，培养了中华民族崇尚道德的美德；他“君之视臣如手足，则臣视君如腹心；君之视臣如犬马，则臣视君如国人；君之视臣如土芥，则臣视君

孟子庙亚圣殿

如寇仇”的事君态度，诛杀“一夫”暴君和更易“大过”国君的主张，促成了中国知识分子人格的觉醒和反抗暴政的传统；他以“得天下英才而教育之”为乐的情怀，“善政不如善教之得民”“善教得民心”的教育主张，“以其昭昭使人昭昭”和择人而教的教育方法，循序渐进、专心致志、持之以恒和“尽信书不如无书”的学习方法，丰富了中华民族的传统教育思想。他的文章论辩观点鲜明，论说结合，层层递进，严密推理，感情充沛，侃侃而谈，言辞犀利，气势磅礴，语言严整精工，简短明快，丰富了中国文学的表现方法。《孟子》善用排比、比喻、比拟、对偶等修辞方式，语言简洁生动，如“天时不如地利，地利不如人和”“得道者多助，失道者寡助”“老吾老以及人之老，幼吾幼以及人之幼”“浩然之气”“揠苗助长”“攘人之鸡”“再作冯妇”“一暴（‘暴’同‘曝’）十寒”“以邻为壑”“缘木求鱼”“秋毫之末”等都已经成为名言或典故，丰富了汉语词汇。

孟子的思想不仅影响了中国，而且还影响了朝鲜、日本、越南等周边国家，传入欧洲后被法国资产阶级启蒙思想家当做反对君主专制制度的理论武器。孟子还被美国学者推崇为古今中外影响世界的一百个思想家之一。

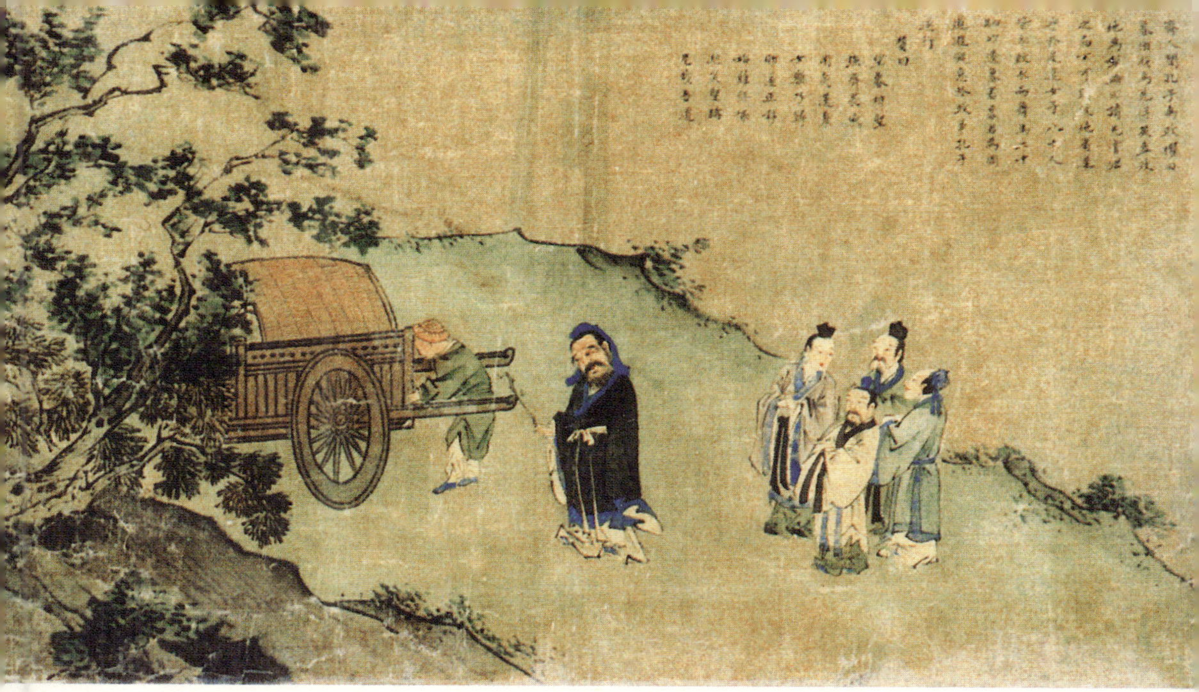

第一章

孟子的生平

关于孟子生平事迹的记载，史书中非常少，司马迁《史记》中虽然有《孟子荀卿列传》，但是关于孟子的记载只有短短的137个字，简单记述了孟子游历诸国而不为时用，遂退而著述。依据史书记载根本无法去考证孟子的生平，所以历代学者们只好从《孟子》《韩诗外传》《列女传》等文献中有关孟子的事迹去推算孟子的生平。

孟子幼年的事迹，因他母亲教子有方被汉代刘向收录在《列女传》中保存下来，他中年以后的事迹依靠《孟子》可以大致推定，而他青年时期的经历基本付诸阙如。本书只好将孟子的生平分作家世、母教、在邹、游齐、游宋、游滕、游梁、宦齐、终邹等几个阶段。

家　世

古籍中关于孟子的记载非常少，《史记·孟子荀卿列传》说他名轲，邹人，连古人常用的字都没有。《孟子》中孟子多次自称为轲，乐正子也称其为孟轲。孟子名轲是毫无疑问的，但是对于他的字历史上却有不同的说法。东汉末的赵岐在《孟子题辞》中说："孟子，邹人也，名轲，字则未闻也"，大约同时代的徐干在《〈中论〉序》中也说孟子"厥字不传"。三国以后，有人因为《孔丛子》中有"孟子车尚幼，请见子思"

孟子故里坊
在今曲阜市凫村内

的记载说他字子车，但孟子出生在子思死后大约三十年，他是不可能见到子思的，此子车绝非孟子，当是另外一个人。三国时期的王肃以《子思书》和《孔丛子》有孟子居因此说他字子居，西晋傅玄则说他字子舆。后世学者虽然认为这三个字皆不可信，但还是选择子舆作为孟子的字。

孟子生卒时间也不详，司马迁《史记》和赵岐《孟子章句》都没有记载，金代孙弼《谒祠记》说孟子“后孔子三十五年而生”，元代张须在《孟母墓碑记》中力证其非。孟氏世谱定孟子为周烈王四年（公元前372年）四月二日生，周赧王二十六年（公元前289年）正月十五日卒，后世于是以此作为孟子的生卒年月。《孟子年谱》说孟子“以冬至日卒，邹邑人悲感，遂辍贺正，讫兹成俗”，《孟志》也说“古碑云，孟子卒于冬至之日，邹人因哭孟子而废贺冬之礼，遂以成俗”。周代以子月也就是以十一月为正月，周历正月十五日其实就是夏历十一月十五日。

孟子的祖先也不详。赵岐在《孟子题辞》中说：“或曰：孟子，鲁公族孟孙之后。故孟子仕于齐，丧母而归葬于鲁也。三桓子孙既以衰微，分适他国。”有人说孟子的祖先是鲁国三桓之一的孟孙氏后裔，后人遂以“或曰”确定了孟子的祖先。唐《元和姓纂》说“孟敬子生滕伯，滕伯生廖，廖生孟轲”，将孟子的父亲定名为孟廖；但是明成化间成书的《孔颜孟三氏志》认为孟子的

礼废贺冬图
选自《孔孟图歌》

孟子故宅
在今曲阜市凫村内

父亲为“孟激，字公宜”，后人遂以孟孙激为孟子父亲的名字。赵岐说孟子夙丧其父，《三迁志》等说孟子三岁丧父，其实这是错误的。《孟子》记载孟子处理其母亲丧事规格超过了其父亲丧事规格而遭到非议，如果孟子三岁丧父，其父亲的丧事不会是孟子做主的，即使丧事再简单别人也不会以此而非难孟子的。

孟母是一个非常有名的人物，事迹曾经被刘向收入《列女传》，但是史书连她的姓氏也没有记载下来。金贞祐元年（1213 年），孙弼在《邹公坟庙之碑》说“公夙丧其父，母李氏以贤德见称”，说孟子的母亲姓李，现在立于孟母墓前的元代张须的《重修孟母墓记》也有“其言母李氏，未知何据”的记载，明成化十八年（1482 年）刘浚撰写的《孔颜孟三氏志》说“母仉氏，或云李氏”，从此孟母就姓了仉。

母　教

幼年孟子是在母亲的精心培养下成长的。《韩诗外传》记载说：有一天，东院的邻居杀猪，孟子问邻居杀猪干什么，孟母开玩笑说杀猪给你吃。说完这句话，孟母就后悔了。她想自己在怀孟子时就进行胎教，坐席摆得不正就不坐，肉切得不方不正就不吃，现在如果不让他吃到东邻的猪肉就是欺骗他，就是教他不守信用，现在他刚刚懂事，怎么能欺骗他呢？于是赶快到邻居家买来猪肉给孟子吃。

孟母三迁祠

在今邹城城西北的庙户营

《列女传》记载说：孟子原来的家靠近墓地，年幼的孟子玩耍时就仿照发丧的样子跳跃着挖土堆坟，孟母说这不是可以让儿子居住的地方，于是就搬家到集市的旁边。搬到集市旁边后，年幼的孟子玩耍时就仿照商人沿街夸耀叫卖，孟母又说这里也不是可以让儿子居住的地方，于是就将家搬到学校的旁边。搬到学校旁边后，孟子玩耍时就仿照那些学生，摆上俎豆，作揖行礼，进退有度，这下孟母可高兴了，说：“这里真可以让我儿子住下来了。”这就是历史上著名的孟母三迁的故事。

三迁成名图

选自《孔孟图歌》

开始时，孟子虽然喜欢学习，但学习还不够专心。《韩诗外传》记载：

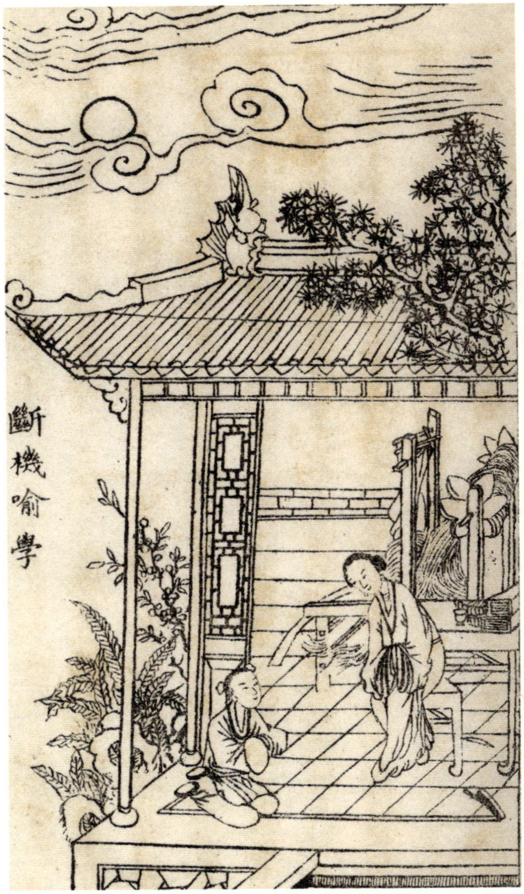

断机喻学图
选自《孔孟图歌》

有一天，孟子在背书，背着背着突然停了一会再背下去，孟母知道孟子记不起内容了，就把孟子喊过来，问他为什么中间停下来，孟子说中间不记得了，孟母拿起刀就将正在织的布割断，教育孟子学习不要中断，从此以后，孟子背书再也不会记不起内容了。《列女传》也记载，孟子外出学习归来，孟母正在织布，就问孟子学习到了什么地方，孟子说还是老样子。孟母拿起刀就割断了织布机上的布，孟子很害怕，就问母亲为什么这样做。孟母教育他说："你放弃学习，就像我割断正在织的布。君子通过学习扬名立身，通过请教增加知识，所以平时能平安无事，做起事来就能躲避灾害。现在你放弃了学习，就不能免于当奴仆，无法躲避祸患。这与依靠织布求食有什么区别呢？中途放弃，怎么能穿衣吃饭呢？女子放弃了织布就是放弃了求食，男子放弃了修习学问不成为盗贼就会成为奴仆。"孟子听了母亲的话很害怕，早晚都努力学习，终于成为名闻天下的大儒。

成年以后，孟母仍然对孟子进行教育。孟子结婚后，有一次要到卧室去，发现妻子袒露在室内，非常不高兴，没有进去就返回去了。妻子发现后，就去向孟子的母亲要求还归娘家。她说："我听说夫妇之间的礼节是不进入内室的，现在我在内室衣饰不整，他看到我勃然大怒，是拿我当成了客人。作为妇人，是不能在客人家住宿的，请您将我送还给我的父母。”孟母把孟子叫来教育说：“按照礼的规定：将要入门的时候，一定要问谁在家，这是为了表示敬意；将要登堂的时候，一定要大声说话，是为了让人有所准备；将要进入室内的时候，眼睛一定向下看，怕看到别人的过失。现在你不懂礼仪却责怪别人失礼，不也疏远了她吗？”孟子听了母亲的话，赶快承认错误，留下了妻子。

母教一人碑
在孟子庙内

孟母三迁教子成为佳话，汉代时就被收入《列女传·母仪》，作为为人母者学习的榜样。明代诗人李化龙曾经有诗说：“三迁辛苦傍书堂，始信慈亲有义方。一断机丝延圣绪，丈夫空自说刚肠。”

孟母殿
在孟子庙内建造的奉祀孟母的专祠。

师事子思图
选自《孔孟图歌》

在 邹

孟子在44岁去齐国以前，基本是在故乡邹国生活的。

孟子幼承母教，受到很好的教育，15岁左右开始拜师学习。关于孟子的老师，西汉刘向说孟子“师事子思”，东汉应劭说“孟子受业于子思”，赵岐说孟子“长师孔子之孙子思，治儒术之道”，班固也说孟子是“子思弟子”，其实这些说法都是错误的。子思大约出生在周敬王三十七年（公元前483年），去世于周威烈王二十四年（公元前402年），去世时孟子尚未出生，孟子怎么能拜子思为师呢？司马迁说孟子“受业于子思门人”，孟子自己说“乃所愿，则学孔子也”，“予未得为孔子徒也，予私淑诸人也”，再结合孟子继承和发展了儒家思想来看，司马迁的说法才是可信的。

孟子在邹时主要是学习，其次是收徒设教，现有文献关于这段时间的记载非常少，在邹国有邹穆公问政这件事。

大约在孟子41岁时，邹国与鲁国发生了冲突，邹国的官吏死了33人，而老百姓却一人未死。邹穆公对孟子说：“杀了这些老百姓吧，又不能杀这么多；不杀吧，他们眼看着长官被杀而不去营救，实在太可恨了。怎么办才好呢？”孟子回答说：“灾荒年月，您的百姓，年老体衰的暴尸山沟荒野，年轻力壮的四处逃亡，都快上千人了，而您的仓库中堆满了粮食，库房中装满了财宝，官员们都不向您报告，他们这是对上怠慢国君、对下残害百姓啊！曾子说：‘警惕啊，警惕啊！你怎样对待别人，别人也会怎样对待你。’百姓现在可以反过来报复他们的长官了。您不要去责备这些百姓，您如果实行仁政，老百姓自然会亲近他们的长官，情愿为他们的长官牺牲了。”（《梁惠王下》12）从这次答问看，孟子已经有了自己的政治主张，他与孔子一样，都是主张推行仁政，官员关心老百姓，老百姓才会效忠国家。

在邹期间，孟子曾经到任国去。之前任国国君外出，弟弟季任留守，派人送礼物给孟子想交朋友，孟子接受礼物后并没有立即回报，而是到任国后亲自去拜谢。孟子大概在任国停留了很短的时间就回到了邹国。(《告子下》5)

有个任国人问孟子的弟子屋庐子“礼节和吃饭哪个更重要”，屋庐子说“礼节重要”，任国人又问“娶妻与礼节哪个重要”，屋庐子说“礼节重要”，任国人接着问：“用礼节去找吃的就会饿死，不用礼节找吃的就会得到吃的，那还一定要遵守礼节吗？按照亲迎礼就得不到妻子，不按照礼节亲自迎娶就会得到妻子，那还一定要亲自迎娶吗？”这个刁钻的问题让屋庐子回答不上来，只好回到邹国向孟子请教。孟子说：“答复这个问题有什么困难？如果不揣度地基的高低而只比较顶端，一寸厚的木板可以比尖角的高楼还高。金属比羽毛重，难道说一只金属带钩比一车羽毛还重吗？拿吃饭的重要与礼仪的细节相比何止是吃

孟子门人图
选自孟庙明初石刻

饭重要？拿娶妻的重要与礼仪的细节相比何止是娶妻重要？你这样去答复他吧：‘扭住哥哥的胳膊抢夺他的食物就能得到吃的，不扭就得不到吃的，那么该去扭吗？爬过东家的墙去搂抱她家的闺女便能得到妻子，不去搂抱便得不到妻子，那么该去搂抱吗？’”（《告子下》1）孟子批评了以食色的重要方面与礼的次要方面相比较的错误，强调人要以礼义制约食色的欲望。从这次谈话看，孟子这时已经很善于辩论了。

未出故乡前，孟子已经开始收徒设教，屋庐连、公都子、陈代等已经投在了他的门下。一个名叫曹交的人也想拜孟子为师，但遭到孟子的拒绝。

曹交问孟子：“人人都可以成为尧舜，有这样的说法吗？”

孟子回答说：“有的。”

曹交接着问：“我听说文王高十尺，商汤高九尺，现在我高九尺四寸，只能吃饭罢了，怎样才能成为尧舜一样的人呢？”

孟子教育他说：“这有什么关系呢？只要去做就行了。如果有人自认为提不起一只小鸡，那就是真没有力气的人。现在有人说能举三千斤，那就是很有力气的人了。那么，能举起乌获举起的重量也就成为乌获了。人难道以不能胜任为忧愁吗？只是不去做罢了。慢慢地走在长者后面就是悌，快走在长者前面就是不悌。慢慢走，难道是人不能做到的吗？只是不那样做罢了。尧舜之道，不过是孝和悌罢了。你穿尧的衣服，说尧的话，按尧的行为去做就是尧了。你穿桀的衣服，

尧像

尧，古代部落联盟的首领，古人推崇其为圣王。在位时天下太平，发现、培养舜并传位给他。

说桀的话，按桀的行为去做就是桀了。”

曹交大受教育，就说：“我准备去见邹国国君，可以向他借个房子，情愿留在您的门下受业学习。”

从谈话看，曹交应该是个不讲孝悌的人，孟子不愿收他为徒，就对他说：“道就像大路一样，难道难于了解吗？只怕人不去寻求罢了。你回去自己寻求吧，老师多得很。”很委婉地拒绝了他。(《告子下》2)

孟子在故乡专心于收徒设教，但弟子们似乎坐不下去，他们开始与孟子讨论出仕做官的问题。

有一天，陈臻问孟子：“古代的君子们怎样才出仕做官呢？”

孟子告诉他说：“出仕做官有三种情况，辞官不做也有三种情况。恭敬礼貌地来迎接他，并说将实行他的主张，那他就去任职；礼貌依然，但没有实行他的主张，那他就辞官而去。其次的情况是：虽然没有实行他的主张，但恭敬礼貌地来迎接他，那他也可以去任职，如果礼貌衰减了，那他就辞官而去。最差的情况是：早上没饭吃，晚上也没饭吃，饿得连门都走不出去，国君听说了，就说‘我不能推行他的思想，又不能实行他的主张，致使他饥饿在我的土地上，我感到很羞耻’，君主的周济，也可以接受，但那只是免于饿死罢了。”(《告子下》14)

孟子认为，君子出仕做官的目的是济世救民，实现自己的政治主张，而不是追求高官厚禄，如果国君不能采纳自己的主张就要辞官而去，绝对不能恋栈。

有一天，万章问孟子：“士子不能依托别国诸侯，为什么呢？”

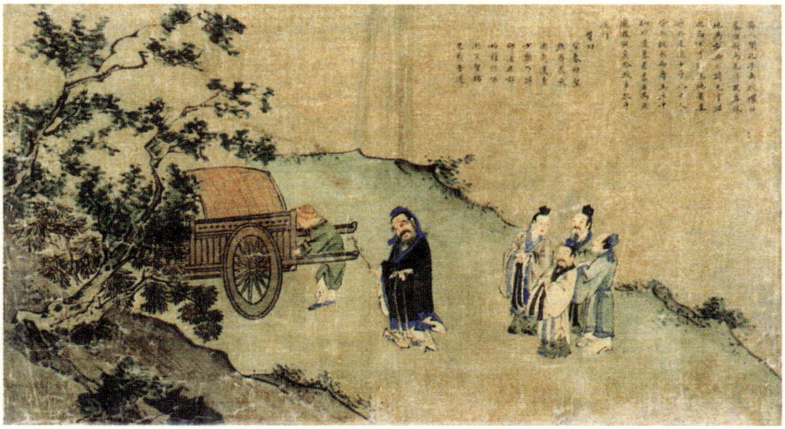

因膰去鲁图

选自明彩色圣迹图　鲁国不能以礼重用孔子，孔子就主动辞官而去。

孟子对他说：“是不敢啊。诸侯丧失了国家，士子依托别国诸侯，这是合乎礼的；自己的国家还在，士子依托别国诸侯是不合乎礼的。”

万章又问：“如果国君送给他粮食，可以接受吗？”

孟子说：“可以接受。”

万章问：“接受的道理是什么呢？”

孟子说：“君主对于别国来的人本来就应该周济的。”

万章又问：“周济就能接受，赏赐就不能接受，为什么呢？”

孟子说：“是因为不敢接受赏赐。”

万章接着问：“我冒昧地问一下，他不敢接受是为什么呢？”

孟子说：“守门打更的人都有一定的职责依靠上面养活，没有一定的职责而接受上面的赏赐被认为是不恭敬的。”

万章又问：“国君的赠送可以接受，不知道可以经常接受吗？”

孟子说：“鲁缪公对于子思，就是屡次派人问候，屡次赠送肉食。子思就很不高兴，最后就把缪公派来的人赶出大门之外，他面向北跪下磕头，然后拱手拜了两拜，拒绝接受礼物，说‘从今天才知道，国君是把我当做犬马一样畜养的’。从此以后，鲁缪公再也不向子思赠送东西了。喜爱贤士却不能选拔重用他，又不能按照合适的方式供养他，能说是喜爱贤士吗？”

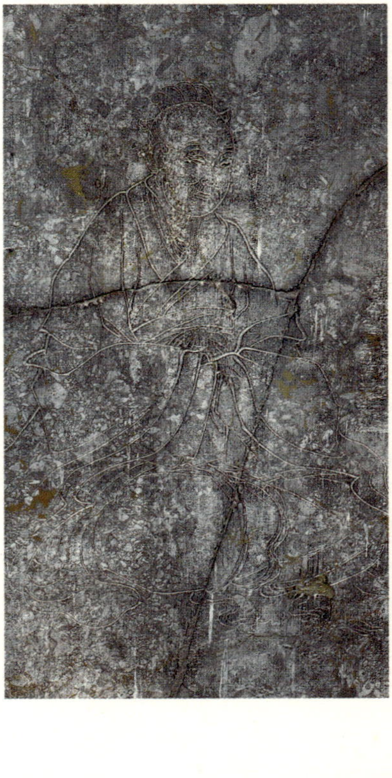

子思像

子思（前483—前402），孔子的孙子，战国时期的著名哲学家。相传受业于曾子，通过弟子传道于孟子，战国时期形成著名的思孟学派。

万章接着再问：“我冒昧地再问一下，国君想供养君子，怎样做才能算是恰当的供养呢？”

孟子说：“开始时，用国君的名义送给他，他要拱手拜两拜，然后跪下磕头接受。以后就派粮仓的小吏不断地送粮食，厨师不断地送肉，而不用国君的名义去送，这样就可以免去繁琐的跪拜礼节。子思认为，为着那么一点肉使自己一次次地跪拜行礼，这不是供养君子的恰当方式。尧对于舜，派自己的九个儿子去侍奉他，把两个女儿嫁给他，百官、牛羊、粮食一切齐备，在田野中供养他，然后提拔到很高的职位上，所以说这才是天子诸侯尊重贤人的正确方法。”（《万章下》6）

又有一天，万章问孟子士子不去拜见诸侯的理由。

万章问孟子："我冒昧地问一下，士子不去谒见诸侯，有什么道理呢？”

孟子告诉他说："没有任职的士子，住在国都里叫市井之臣，住在农村里叫草莽之臣，都叫做老百姓。老百姓不送礼物而成为臣属，就不敢去谒见诸侯，这是礼的规定。”

万章接着问："老百姓，召唤他去服役就去服役，国君想见他就召他去，他却不去，为什么呢？”

孟子回答并反问说："召唤他服役，是应该的；不是他的臣属去拜见是不应该的。而且国君想见他是为什么呢？”

万章回答说："因为他见闻广博，因为他品德高洁、才能出众。”

孟子接着说："如果因为他见闻广博，那就应该拜他为老师，天子都不能召见老师，何况是诸侯呢？如果因为他品德高洁、才能出众，那么我还没有听说过想见贤人而召唤他来的。鲁缪公多次去见子思，对子思说：'古代一个拥有千辆兵车的国君去给士子交朋友，怎么样呢？'子思很不高兴地说：'古人有句话说，只能说侍奉他，哪能说与他交朋友呢？'子思之所以不高兴，难道不是说：按地位，您是国君，我是臣子，怎么敢与国君做朋友呢？论道德学问，那么您应该向我学习，怎么可以与我交朋友呢？拥有千辆兵车的国君请求与他交朋友尚且办不到，何况召见他呢？齐景公打猎，用旌旗去召唤管理猎场的小吏，小吏不来，将要杀掉他。'志士不怕弃尸山沟，勇士不怕丢掉脑袋'，孔子赞扬他哪一点呢？就是因为不用应该召唤

子思墓
在今曲阜孔林

他的标志召唤他他就不去啊。”

万章又问：“我冒昧地问一下，召唤管理猎场的小吏用什么呢？”

孟子说：“用皮帽子。召唤老百姓用大红绸的曲柄旗，召唤士子用带铃铛的旗子，召唤大夫用装饰羽毛的旗子。用召唤大夫的旗子去召唤管理猎场的小吏，小吏是宁死也不敢去的；用召唤士子的旗子去召唤老百姓，老百姓难道就敢去吗？更何况用召唤不贤之人的方式召唤贤人呢？想见贤人而不用合适的方式就像是要请他进来却关上大门一样。义好比是路，礼就是门，只有君子能顺着这条路走，从这座门出入。《诗经》说：‘大路像磨刀石一样平，像箭一样直，这是君子行走的路，小人看着走的。’”

万章最后问：“孔子在国君召见时，他不等驾好车马就动身，这样孔子也是错误的吗？”

孟子说：“那时孔子在做官，而国君是按官职召见他的。”(《万章下》7)

孟子似乎没有了解弟子们的心意，弟子们似乎等不下去了，他们开始劝孟子去寻找从政的机会。

弟子陈代劝孟子说：“您不愿谒见诸侯，似乎只是太拘泥于小节了吧。现在去谒见诸侯，大则可以辅佐国君统一天下，小则可以辅佐国君称霸诸侯。而且《志》上也说‘弯曲一尺却能伸直八尺’，这好像是值得去做的。”

敬入公门图

孟子回答说：“从前齐景公去打猎，用装饰了羽毛的旗子去召唤管理猎场的小吏，小吏没有来，齐景公就要杀他。‘志士不怕弃尸山沟，勇士不怕丢掉脑袋’，孔子称赞这个小吏是取他的哪一点呢？取他不按照规定的标志召唤他他就不去。如果我不等诸侯的召见就主动去谒见，那又怎样呢？而且弯曲一尺可以伸直八尺，是根据利益来说的。如果只讲利益，那么弯曲八尺伸直一尺而能求得利益也可以去做吗？从前赵简子派王良给自己宠幸的小臣奚驾车去打猎，一天也没有打到一只鸟，奚回来禀报说‘王良是天下最差的驾车人’。有人把这话告诉了王良，王良说‘请让我再驾一次’。奚被强迫后才同意，一个早晨就打了十只鸟，奚回来禀报说‘王良是天下最好的驾车人’。赵简子对奚说‘我叫他专门给你驾车’，便对王良说了，王良不同意。他说：‘我按照规矩为他驾车，一天都打不到一只鸟；不按照规矩驾车，一个早晨就打到十只。《诗经》说：“按照规矩驾车，箭一发出就能射中。”我不习惯给小人驾车，请准许我辞去这差使。’驾车的人尚且耻于与不守规矩的射手合作，这种合作即使射到的禽兽堆积如山也不能干啊。如果屈辱自己的志向与主张而去追随诸侯，那是为什么呢？而且你错了：自己不正直，没有能使人正直的。”（《滕文公下》1）

齐国车马坑

游　齐

也许是受了弟子们劝说的影响，孟子在大约44岁时开始周游列国，

传食诸侯图

选自孟庙明初碑刻

他周游的第一个国家是齐国。

孟子先到了齐国边境小城平陆，对平陆的长官孔距心说：“您的战士一天三次擅离职守，您开除不开除他呢？”

孔距心马上回答说：“不必等到三次。”

孟子接着说：“那么，您失职的地方也很多了。灾荒年岁，您的百姓，年老体弱辗转饿死在山沟中的，年轻力壮逃亡四方的，已经接近一千人了。”

孔距心解释说：“这不是我的力量能解决的。”

孟子马上又问：“现在有一个人替别人放牧牛羊，那他一定要替牛羊寻找牧场和草料。如果找不到牧场和草料，他是把牛羊退还给原主呢，还是站在那里眼睁睁看着它们饿死呢？”

孔距心明白了孟子的意思，于是回答说：“这就是我的罪过了。”

孟子到了齐国，见到了齐威王，对他说，“大王的地方长官，我认识了五位，知道自己过错的，只有孔距心”，然后把和孔距心的答问复述了一遍。

齐威王是个很聪明的人，他马上就明白了孟子的意图，赶快道歉：“这是我的过错啊。”（《公孙丑下》4）

从这次答问看，孟子主张官员要勤政，要帮助人民过上好日子。

四王冢

相传是齐威王、齐宣王、齐湣王、齐襄王的墓。

孟子在平陆时，齐国宰相储子曾经派人向孟子赠送了礼物，孟子没有去答谢。到了齐国国都后，也不去拜谢储子。但是孟子在家乡时，任国的季任代理国政时也曾送来礼物结交孟子，孟子到了任国就去拜谢他。

弟子屋庐子认为这次可找到了孟子的差错，就问孟子："同样是接受别人的礼物，老师到任国就去拜谢季任，到了齐国却不去拜谢储子，是因为他是宰相吗？"

孟子说："不是的。《尚书》说：'享献之礼可贵的是礼仪，礼仪不够，礼物虽然很多也只能叫做没有享献，因为享献的人心意没有在这上面。'不去拜谢储子是因为他没有享献。"

听了孟子的回答，屋庐子非常高兴，有人问他为什么，屋庐子说："季任因为代理国事不能亲自去邹国，而储子是可以去平陆的。"（《告子下》5）

从这件事看，孟子非常重视礼仪，他认为君子的交往要以礼为准则。

孟子虽然没有去拜谢储子，但储子还是登门看望孟子。他对孟子说："齐王派人来偷偷地了解您，您果真有不同于常人的地方吗？"孟子说："我有什么与常人不同的地方呢？尧舜也同一般人一样啊。"（《离娄下》32）看来孟子对齐王派人偷偷地观察他的行为很不满，他认为圣人与常人是一样的，差别只在于人的品德和能力。

齐长城

齐威王是一位很有作为的国君，他重视人才，重用能够克敌制胜的猛将和依法治国的贤才，以邹忌为宰相，进行政治改革，齐国很快强盛起来。孟子到了齐国，齐威王曾经偷偷地派人了解孟子，看来他对孟子仁政的主张不感兴趣，所以孟子也没有得到任用。孟子虽然见到过齐威王，但也没有得到发表自己政见的机会，所以在《孟子》中只有一次与齐威王谈话的记录。

孟子这次在齐国也就是大约一年的时间，大概没有进行什么政治活动，只是结交了几位朋友，进行了一些学术活动。

孟子结交的一个朋友是蚳蛙，他对蚳蛙说："您推辞灵丘的地方长官职务，请求担任法官，好像是有道理的，因为可以向国王劝谏了。现在您任职已经好几个月了，还不可以劝谏吗？"蚳蛙于是向齐王进谏，但没有被采纳，便辞官而去。

齐国有人就说孟子为蚳蛙的考虑是不错的，但是不知道孟子是怎样为自己考虑的。公都子把齐人的话告诉了孟子，孟子说："我听说，有官职的人，如果无法履行自己的职责就应该辞官而去，有进言职责的官员如果无法尽到进谏的责任就应该辞官而去。我没有官职，没有进言的职责，我的行动就有很宽绰的回旋余地了。"（《公孙丑下》5）

看来孟子和孔子的主张是一样的，为官一定要尽责，"以道事君，不可则已"，用道义侍奉国君，如果行不通，就干脆辞官而去。

孟子结交的另一个朋友是齐国人匡章。

匡章问孟子："陈仲子难道不是一个真正廉洁的人吗？居住在於陵，三天没吃东西，饿得耳朵听不见，眼睛看不见。井边有个李子，被金龟子吃去了一大半，他爬过去拿起来就吃，吃了三口，耳朵才听得见，眼睛才看得见。"

孟子回答说："在齐国的人士当中，我一定把陈仲子看成是大拇指。虽然如此，陈仲子哪里能称做廉洁？如果推广陈仲子的廉洁，那人只有变成蚯蚓才可以。那蚯蚓，在地上只吃泥土，在地下只喝泉水，一切都不求人。陈仲子所住的房子是廉洁的伯夷建造的呢，还是贪残的盗跖建造的呢？他吃的粮食是廉洁的伯夷种的呢，还是贪残的盗跖种的呢？这些都还是不知道的吧。"

匡章说："这有什么妨害呢？他自己编织鞋子，妻子绩麻搓线，用它们换取需要的东西。"

孟子接着说：“仲子是齐国的世家，他的哥哥陈戴在盖邑有一万钟的禄米。他认为哥哥的禄米是不应该得来的因而不吃，认为哥哥的房子是不应该得到的因而不住，因此避开哥哥，离开母亲，居住在於陵。有一天他回到家，看见有人送给他哥哥一只活鹅，他马上紧皱眉头说‘哪里能用这呃呃叫的东西呢’。后来有一天，他母亲杀了这只鹅送给他吃，他不知道，他哥哥从外面回来，告诉他说‘这就是那呃呃叫的东西的肉啊’，他赶快跑出去把吃的肉吐出来。因为是母亲的东西他就不吃，因为是妻子的东西他就吃；因为是哥哥的房子他就不住，因为是在於陵的房子就住，能推广他的这种廉洁吗？像陈仲子这样的人，只有变成了蚯蚓才能推广他的这种廉洁了。”（《滕文公下》10）

齐国错金银镶绿松石铜镜

战国时期器具，临淄出土。

孟子不认同匡章认为陈仲子廉洁的观点，他认为做人的根本就是侍奉父母，顺从兄长，陈仲子为躲避兄长的不合道义而离开母亲更是不可取的。

匡章在齐国是一个有争议的人物，他的父亲与母亲发生争执，父亲一怒之下就把母亲杀了，埋在马栈下面，匡章不敢重新埋葬母亲，后来因为得罪了父亲，就把老婆孩子赶出家门，因此全国的人都说他不慈不孝，但孟子却与他交往，而且很尊敬他，弟子公都子于是就问孟子这是为什么。

公都子说：“匡章，全国都说他不孝，您却同他交往，而且很敬重他，请问这是为什么呢？”

孟子解释说：“世间所说的不孝有五个方面：四肢懒惰，不管父母生活，是一不孝；喜欢赌博喝酒，不管父母生活，是二不孝；爱好钱财，偏爱妻子儿女，不管父母生活，是三不孝；放纵耳目享受的欲望，使父母遭受耻辱，是四不孝；逞胜好斗，危及父母，是五不孝。匡章有其中的一条吗？章子是因为父子以善相责而不能相处在一起的。以善相责，是朋友相处的原则，父子之间以善相责却是大伤感情的。那章子难道不想有夫妻母子的团聚吗？只是因为得罪了父亲，不能亲近他，只好把妻子儿女赶出家门，终身不要他们侍奉。他想如果不这样做，就是最大的罪过。这就是章子的为人罢了。”（《离娄下》30）

这时的孟子已经很有自己的主见，能对众人的好恶评说进行考察分析，不被世俗的偏见所迷惑。事实证明，孟子的眼光是不错的，匡章后来成为齐国著名的将领，曾经带兵打败秦国的入侵，也曾带兵攻占燕国。对于他不改葬母亲，《战国策》有记载：齐威王派匡章带兵抵抗秦国入侵，齐威王对他说，如果战胜秦国，就重新安葬你的母亲。匡章回答说，我不是不能重新安葬母亲，因为我母亲是得罪了父亲死的，如果我重新安葬母亲就是欺负死去的父亲。

这次在齐国，孟子最重要的事情就是与告子学派进行了学术论辩，就人性善恶、生之谓性、仁内义外等问题进行了辩论。

告子首先发难，他说：“人的本性好比是杞柳，义好比是杯盘，使人性变得仁义，就好像把杞柳做成杯盘。”

孟子马上问他：“那你是顺着杞柳的木性和形状来制成杯盘呢，还是破坏杞柳的木性和形状来制成杯盘呢？如果是破坏了杞柳的木性和

道性善图

选自孟庙明初碑刻

形状而制成杯盘，那也要破坏人的本性而后成就仁义吗？带领天下人给仁义带来祸害的必定是你的这种论调吧！”（《告子上》1）

对孟子的批评告子没有正面回答，他又说：“人性好比是湍急的水流，在东边开个口子就向东流，在西边开个口子就向西流。人性本来就不分善与不善，就像水不分东西一样。”

孟子反驳说：“水流确实是不分东西的，难道也不分上下吗？人性的善，就像水向下流淌一样，人性没有不善的，就像水没有不向下流淌的一样。水，拍它一下，让它飞溅起来，可以使它高过人的额头；堵截住不让它向下流，就可以使它流到山上去。这难道是水的本性吗？是形势使它这样的。人之所以可以使它变得不善，他本性的改变也正是这样的。”（《告子上》2）

从这两次交锋看，告子是主张人性无所谓善恶的，他认为仁义道德观念破坏了人的本性，与人的本性是对立的；孟子则主张人性有善恶，人性向善，仁义是顺从人的本性形成的，仁义与人性是统一的。

又有一次辩论，还是告子挑起的。

告子说：“天生的就称做天性。”

孟子马上反问：“天生的就称做天性，就像白的称做白一样吗？”

告子说：“是的。”

孟子马上又反问：“白羽毛的白，就像白雪的白，白雪的白，就像白玉的白吗？”

告子回答说：“是的。”

孟子接着再反问：“那么狗的天性就像牛的天性，牛的天性就像人的天性吗？”（《告子上》3）

告子无法反驳孟子，于是转了个话题说：“食欲，性欲，都是人的天性。仁是生自人的内心的，不是外因引起的；义是由外因引起的，不是生自人的内心的。”

孟子马上问他：“凭什么说仁生自人的内心而义是由外因引起的呢？”

告子举了个例子说：“他比我年长我便尊敬他，不是我内心原来就有尊敬他的念头，就好像他肤色白我就说他白一样，是由于他的白显露在外，所以说义是由外因引起的。”

孟子接着反问说：“白马的白，没有什么不同于白人的白。不知道对老马的怜悯是不是不同于对长者的尊敬呢？而且你认为长者那里存在义呢，还是尊敬长者的人那里存在义呢？”

告子回答说：“是我的弟弟我就爱他，是秦国人的弟弟我就不爱他，是由我自己决定我喜欢与否的，所以说仁是生自人的内心的。尊敬楚国的长者，也尊敬我国的长者，是由他们年长决定我尊敬的，所以说义是由外因引起的。”

孟子马上又反问说：“喜欢吃秦国人烤的肉，同喜欢吃自己烤的肉没有什么区别，其他事物也有这种情况，那么爱吃烤肉也是由外因引起的吗？”（《告子上》4）

这次交锋的重点是关于人的本性问题，告子认为人生而具有的自然欲望就是人性，孟子则认为人与禽兽的本性是有差别的，但是孟子并没有展开论述。

关于“义外”的另一次交锋是孟子弟子公都子与大概是告子学派的孟季子进行的，但是公都子未能战胜孟季子，最后公都子向孟子请教，学会了如何去抓对方的弱点而击中对方的要害。

孟季子问公都子：“为什么说义是生自人的内心呢？”

公都子回答说：“义是表达我的敬意，所以说是生自人的内心的。”

孟季子又问：“有位同乡人比大哥大一岁，那么您先敬谁呢？”

公都子回答说：“先敬大哥。”

孟季子接着再问：“如果在一起喝酒您先给谁斟酒呢？”

齐国错金银铜牺尊

战国时期的盛酒器，临淄出土。

公都子说：“先给同乡人斟酒。”

孟季子说：“内心要敬重的大哥在这里，实际敬重的同乡人在那里，由此可见义果然是由外因引起的，不是生自内心的。”

孟季子把公都子难住了，公都子不能回答，就把这段话告诉了孟子。

孟子说："你反问他：'应该尊敬叔父呢，还是应该尊敬弟弟呢？'他会说'尊敬叔父'。你接着问他'弟弟充当了受祭代理人，那您敬谁呢？'他会说'敬弟弟'。你再问他'这样的话，尊敬叔父又体现在哪里呢？'他会说'是弟弟所处位置的缘故'。那你就说'正是因为位置的原因，平常尊敬的是大哥，这时该敬的是年长的同乡人'。"

孟季子听了孟子的话，为自己辩解说："该尊敬叔父时就尊敬叔父，该尊敬弟弟时就尊敬弟弟，可见义果然产自外因，不是由内因引起的。"

公都子马上反问他："冬天喝热汤，夏天喝凉水，那么饮食也是产自外因吗？"（《告子上》5）

这两次交锋的重点是义是外因引起的还是内在生成的，告子学派认为仁是内心生成的，义是外因造成的，夸大了义的客观性，否定了义的主观性，割裂了主客体之间的关系；孟子学派则认为仁义都是内在的，强调了义的内在主体性。

孟子还有一次谈论性善是与公都子。

公都子对孟子说："告子说：'人的本性没有善良也没有不善良。'有人说：'人性可以使它善良，也可以使它不善良。所以文王、武王在位，百姓就趋向善良，幽王、厉王在位，百姓就趋向残暴。'又有人说：'有的人本性善良，有的人本性不善良，所以以尧这样的人为国君却有象这样不好的臣民，以瞽瞍做父亲却有舜这样的好儿子，以纣为侄子而且为国君却有微子启、王子比干这样的仁人。'现在您说'人本性是善良的'，那么他们说的都错了吗？"

孟子教育他说："至于说到人天生的性情，那可以使它善良的，这就是我说的天性善良。至于有人变得不善，不能归罪于他的本质。恻隐之心，人人皆有；羞耻之心，人人皆有；恭敬之心，人人皆有；是非之心，人人皆有。恻隐之心属于仁，羞耻之心属于义，恭敬之心属于礼，是非之心属于智。仁义礼智，不是外界给予我的，而是我本来就有的，只是不去探求罢了。所以说探求就能得到它，放弃就会失掉它。人相差一倍、五倍甚至无数倍，就是因为不能充分发挥他的本性。《诗经》说：'上天养育众民，有事物就有法则。众民保持了常性，于是喜好美德。'

孔子说：‘作这篇诗的人，大概懂得道吧！所以有事物就有它的规律，人们保持了常性，所以喜好美德。’”（《告子上》6）

孟子认为人本性无所谓善良不善良、人性可以使它善良可以使它不善良和人性有的善良有的不善良都是不对的，人性是善良的，人应该探求自己的本性，保存、培养仁、义、礼、智等内在的主体意识。

从这几次论辩看，孟子的思想尚未成熟，论辩中有一些错误，然而也许正是与告子的论辩使孟子意识到儒家理论中的内在矛盾，决心突破宗法血亲的藩篱，去寻找儒学新的理论依据。所以孟子提出“恻隐之心，仁也；羞恶之心，义也；恭敬之心，礼也；是非之心，智也”，“恻隐之心，仁之端也；羞恶之心，义之端也；辞让之心，礼之端也；是非之心，智之端也”。（《告子上》6）同情之心是仁的开端，羞耻之心是义的开端，推让之心是礼的开端，是非之心是智的开端。

孟子这次在齐国，大概很不得意，有时心情也不好。弟子乐正子也到了齐国，他是跟随王子敖来的，来了之后也没有马上来看望老师，孟子就很恼火。

乐正子来看孟子，孟子劈头就问：“你也来看我吗？”

乐正子对老师的发火感到很纳闷，就说：“先生为什么说这样的话呢？”

乐正子塑像

孟子问：“你来几天了？”

乐正子回答说：“昨天。”

孟子说：“昨天，那么我说这样的话不也很合适吗？”

乐正子解释说：“住所还没有定下来。”

孟子说：“你听说过，住所定下来，然后去求见长辈吗？”

乐正子知道自己错了，马上说：“我错了。”（《离娄上》24）

乐正子虽然承认了错误，但孟子似乎还没有消气，又批评他

说："你跟随王子敖到齐国来，只是为了混饭吃罢了，我没有想到你学习古人的大道竟然是为了混饭吃。"（《离娄上》25）

孟子父母塑像
位于孟子故宅内

孟子见在齐国没有被重用的可能，就想离开齐国，但是考虑到母亲年老，犹豫不决，面带忧色，母亲发现后问他，他还故意遮掩。有一天他抱柱长叹，母亲问他长叹的原因，他不得不实说："我听说，君子依据自己的才能而担任相应的职位，不接受不应得到的赏赐，不贪恋荣禄。诸侯不听从自己的建议就不进入他的国家，听从而不采纳就不登上他的朝廷。现在自己的主张不能在齐国推行，就想离开齐国，但是担心母亲年老，所以忧愁。"孟母说："妇人的职责就是做饭制衣、奉养公婆，年少时顺从父母，出嫁后顺从丈夫，丈夫死后顺从儿子。现在你已经成人了，你按照你的道义去做，我按照我的礼教去做。"《列女传》中孟母的话恐怕是汉代人增加的，因为那时还没有这种"三从"的封建礼教。孟子见母亲支持自己，于是决心离开齐国。

齐威王听说孟子要离开齐国，就派人送来一百镒（一镒为二十两）上好的黄金，但孟子并没有接受。孟子认为齐王没有理由赠送黄金，没有理由的赠送等于是收买自己，哪里有君子被人收买的呢？（《公孙丑下》3）

游　宋

孟子听说宋王偃打算推行仁政，觉得这是个好机会，于是在大约

45岁时离开齐国到了宋国。

从《孟子》的记载看，宋王偃是一个想推行仁政的仁义君主，但是从《史记》记载看，他却是一个荒淫的暴君。他曾向东打败齐国，夺取齐国的五座城池，向南打败楚国，夺取楚国三百里的土地，向西打败魏国，在诸侯争雄的时代应该说是很有作为的君主，但是他沉湎于美女美酒，群臣劝谏他不仅不听，反而常常用箭将他们射死，更为荒唐的是，他将血装在皮囊内，悬挂起来，用箭去射，名为射天，因此被诸侯称为“桀宋”。宋王偃在位四十七年时（公元前286年），齐湣王联合魏国和楚国共同攻打宋国，杀死了宋王偃，将宋国土地一分为三，宋国灭亡。

孟子到宋国应该是在宋王偃称王后不久，大概那时宋王偃发奋有为，孟子对他还是抱有希望的。

弟子万章问孟子：“宋国是个小国，现在打算施行仁政，如果齐国和楚国厌恶而讨伐它，怎么办呢？”

孟子对他说：“汤住在亳地，与葛国为邻，葛国国君放纵无道不祭祀祖先。汤派人去问他为什么不祭祀，葛伯说‘无法供应祭祀的牲畜’。汤派人送去牛羊，葛伯把牛羊吃了，还是不进行祭祀。汤又派人去问为什么不祭祀，葛伯说‘无法供应祭祀的粮食’。汤派亳地的人去替他耕种，并派年老体衰的人去送饭。葛伯率领他的人民拦截带有酒肉饭菜的人进行抢夺，不肯给的就杀掉。有个孩子带着饭和肉去送饭给耕种的人，葛伯杀了孩子，抢走了饭和肉。《尚书》说‘葛伯仇视送饭的’，就是说的这件事。因为葛伯杀了这个孩子，汤去征讨他，四海之内的人都说‘汤不是贪图天下的财富，是为了给平民百姓报仇’。汤开始征伐，是从葛开始的，汤征讨了十一次，天下无敌。向东征讨，西面国家的人民就埋怨，向南面征讨，北面国家的人民就埋怨，都说‘为什么把我们这里放在后面呢？’人民盼望他就好像大旱之时盼望下雨一样。征讨的时候，赶集的人络绎不绝，锄地的人照常干活。汤杀掉那里的暴君，安抚那里的人民，就像及时的雨水降临，人民都非常高兴。”

孟子接着引用周初的故事说：“《尚书》说：‘等待我的君王，君王来了我们不受诛罚’，‘攸国不称臣，周武王向东征讨它，安抚它的人民。人民用竹筐装着黑色和黄色的绢帛迎接周王，愿意侍奉周王而得到他的恩惠，称臣归附大周国’。那里的官吏将黑色和黄色的绢帛装在筐子里迎接周国的官吏，人民抬着饭筐提着酒壶迎接周国的人民，是因为周王把人民从水深火热中拯救出来，除掉残暴的君主罢了。《太誓》说：‘我军威武要发扬，攻到于国疆土上。除掉残暴的国王，杀伐之功扬四方，业绩辉煌胜商汤。’不行仁政便罢了，如果实行仁政，普天之下的人都抬起头来盼望他，拥护他当君主。齐国楚国虽然很强大，有什么可怕的呢？”（《滕文公下》5）

汤像

汤，灭夏，建立商王朝，历史上著名的贤君。

孟子鼓励宋王偃效法商汤周武，实行仁政，只要实行仁政，就能得到人民的拥护，强大的齐国和楚国也没有什么可怕的。

孟子到了宋国，是想有所作为的，他曾提出减少税赋的建议，却没有被接受。

宋国大夫戴盈之与孟子商议说：“采用十分之一的税率，撤除关卡，免除商品税，现在还办不到，先减少一点，来年再全部实行，怎么样？”

看来孟子性格比较执拗，他打了个比喻说：“现在有个人每天都偷邻居家的一只鸡，有人告诉他这不是君子的行为，这个人便说：‘请让我少偷一些吧，每月偷一只，等到来年完全停止。’如果知道行为不合道义，那就赶快停止算了，为什么要等到来年呢？”（《滕文公下》8）

孟子借攘邻之鸡的故事讽刺统治者的伪善，主张不符合仁义的行为要迅速改正，不要拖延。《孟子》没有记载这次谈话的结果，看来一定是无果而终了。他这种激进的措施，连分步实施都遭到讽刺挖苦，人家怎么能接受呢？

到了宋国不久，孟子就发现了宋王偃的问题。孟子对戴不胜说："你想让你的国王向善吗？我明确地告诉你。有个楚国的大夫想让他的儿子学习齐国话，是让齐国人教他呢，还是让楚国人教他呢？"

戴不胜说："让齐国人教他。"

孟子接着说："一个齐国人教他，许多楚国人打扰他，即使天天鞭打着他，逼他学会齐国话也做不到；如果带他到齐国都城的闹市上住上几年，即使是每天鞭打着让他说楚国话也做不到。你说薛居州是个好人，国君让他居住在王宫内，如果王宫内不论长幼尊卑都是薛居州一样的好人，国王同谁干坏事呢？如果在王宫内，长幼尊卑都不是薛居州一样的好人，那么国王同谁去做好事呢？一个薛居州能把宋王怎么样呢？"（《滕文公下》6）

看来那时的宋王偃已经被奸佞所包围。孟子认为环境对人是很重要的，国君只有在众多贤臣的辅助下才能治理好国家。

孟子在宋国可能连宋王偃都没有见到，因为《孟子》中有他与戴不胜、戴盈之（有的学者认为二名为一人）、句践和滕国世子的谈话记录，而没有与宋王偃的谈话记录。

孟子同句践谈话提出了"穷则独善其身，达则兼善天下"的人生态度。他对句践说："你喜欢游说各国国君吗？我告诉你游说诸侯的态度。别人理解我我自得其乐，别人不理解我我也自得其乐。"

句践问："如何做才能自得其乐呢？"

孟子告诉他："崇尚道，爱好义，就可以自得其乐，所以士子在穷困时不能失掉义，在得志时不能违背道。穷困时不失掉义，就能自得其乐；得志时不违背道，就不会使老百姓失去对他的希望。所以古代的人，得志时恩惠就会泽及百姓，失意时修养品德立于世间。穷困时便独善其身，得志时能够行其道而兼善天下。"（《尽心上》9）

孟子这种修养自身、济世救民的人生态度对后世影响非常大，几乎成为历代知识分子的处世信条。

滕国的世子也就是后来的滕文公出使到楚国去，途经宋国，专门去拜访孟子，孟子言不离尧舜，给他讲了一番人性原本善良的道理。人只要努力行善，就可以成为尧舜，鼓励滕世子施行仁政，强盛滕国。

滕世子从楚国返回，又去拜见孟子。孟子说：“世子怀疑我言有不尽吗？天下的道理都是一致的啊。成𫣆对齐景公说：‘他是男子汉，我也是男子汉，我为什么怕他呢？’颜渊说：‘舜是什么样的人？我是什么样的人？有作为的人也会像他那样。’公明仪说：‘文王是我的老师，周公难道会欺骗我吗？’现在滕国的疆土截长补短，将近方圆五十里，还可以成为一个好国家。《尚书》说：‘如果药物不会使人头昏眼花，那病是不会痊愈的。’”（《滕文公上》1）从孟子最后引用的《尚书》的话来看，孟子应该给滕世子讲了一番治理国家的道理，不知什么原因《孟子》没有全部收录下来。

孟子见宋国君昏臣奸，觉得没有再待下去的必要，大约待了不到两年就返回邹国。

在返回邹国的途中经过薛地，薛君还送给孟子五十镒黄金，他收下了，弟子陈臻感到很奇怪，就问孟子：“以前在齐国，齐王送给您一百镒好黄金您不接受，在宋国，送您七十镒黄金您却接受了，在薛地，送您五十镒黄金您也接受了。以前在齐国的不接受是对的，那么现在的接受就是不对的；现在的接受是对的，那么过去的不接受就是不对的；在这两种情况中，夫子一定有一次做错了吧。”

孟子对他说：“接受和不接受都是对的。在宋国的时候，我准备远行，对远行的人一定要赠送路费，宋君说‘这是送给您的盘缠’，那我为什么不接受呢？在薛地时，我听说路上有危险，要小心防备，薛君说‘听说路上需要防备，所以送点钱给您买兵器吧’，那我为什么不接受呢？至于在齐国，就没有送给黄金的理由。没有理由而赠送给我黄金，这是收买我啊。哪

舜像

舜，部落联盟首领，接受尧的禅让，又将君位禅让给禹。

里有君子可以用黄金收买的呢？”（《公孙丑下》3）

薛地到邹国的距离其实是很近的，孟子还要购置兵器以防身自卫，看来当时社会是很不安宁的，虽然孟子事先有所准备，但归途中还是遇到了灾难。《风俗通义》说孟子“又绝粮于邹、薛，困殆甚”，虽然没有说明原因，但可知在邹、薛之间孟子曾经陷入了非常危险的境地，连饭都吃不上。

游　滕

孟子大约48岁时从宋国返回故乡，但是在故乡待得时间很短，大约不到一年就去了滕国。

滕国世子出使楚国时曾两次拜见孟子，听了孟子的教诲，对孟子很是佩服。回国后不久，他的父亲就去世了，对如何处理父亲的丧事他没有主见，就派然友到邹国向孟子请教。

滕定公去世后，世子对他的师傅然友说：“以前孟子在宋国曾经与我交谈过，我始终没有忘记。现在不幸遇到这样的大变故，我想派你去请教一下孟子，然后再办理丧事。”

然友于是到邹国去请教孟子。

孟子对他说：“这不很好吗？父母的丧事，本来就是应该尽心竭力去办理的。曾子说：‘父母在世，依照礼制去奉侍；去世，按照礼制去埋葬、去祭祀，就可以说是孝子了。’诸侯的礼制我没有学过，但我听说过：三年的丧期，穿缝边的粗布丧服，喝稀粥，从天子到老百姓，夏、商、周三代都是这样的。”

然友回国作了禀报，世子决定实行三年的丧期，但是滕国的公族和官员们都不想这样做，他们说：“我们的宗主国鲁国的前代君主没有实行过，我们的前代国君也没有实行过，到了你这一代却要违反祖先的做法，这是不可以的。而且《志》说‘丧礼祭礼要依从祖先的规矩’。”

但是滕世子的态度很坚决，他对然友说：“我过去没有学习学问，喜欢跑马舞剑，现在公族百官对我不满，担心我不能尽心竭力办好丧事。

你再替我去问问孟子吧。”

于是然友再次来到邹国请教孟子。

孟子听然友介绍了情况后说：“是的，这是不可以求助于别人的。孔子说：‘国君去世，太子把政事委托给冢宰大臣，只喝稀粥，面色深黑，在孝子位上哭泣，大小官员没有敢不悲哀的，因为太子亲自带头啊。’在上位的有什么爱好，下面的人一定对此更加爱好。孔子说过：‘君子的德行好像是风，小人德行就像是草，草一被风吹就会倒。’这件事情完全决定于世子。”

然友回到滕国转达了孟子的意见。滕世子说：“对，这的确取决于我”，坚定了守丧的决心。他居住在丧庐中五个月都没有发布命令和禁令，族人和百官都很赞成，认为世子懂得礼仪。等到下葬的时候，周围国家的人都来观看，世子面色悲戚，哭泣哀痛，前来吊丧的人对他非常满意。(《滕文公上》2)

实行三年之丧，能够满足子女报答父母养育之恩的心理情感需要，更突出强调了亲子之间的血缘情感和孝的道德观念，既能协调家庭之间的人际关系，又能协调社会人际关系，有利于安定社会秩序。孟子劝告滕世子实行三年之丧，特别强调了上行下效的作用。社会习俗的好坏，与执政者的行动有着紧密的联系。执政者为民表率，带头行孝，就能养成良好的社会风气，促进社会的和谐与稳定。

孟子见滕世子能够听从自己的意见，于是来到滕国，准备帮助滕文公推行仁政，实现自己的政治抱负。

滕文公问孟子如何治理国家，孟子回答说：“老百姓的事情要抓紧办。《诗经》说：‘白天割茅草，晚上搓绳索，赶紧修房屋，到时种五谷。’老百姓的准则是，有固定的财产才有一定的道德观念和行为准则，没有固定的财产就不会有一定的道德观念和行为准则。如果没有一定的道德观念和行为准则，就会胡作非为，违法乱纪，什么坏事都会干出来。等到老百姓犯了罪，然后进行处罚，这就是陷害，哪有仁人去做陷害老百姓的事情的呢？所以贤明的君主一定恭敬节俭，以礼对待臣下，向人们征收赋税有一定的制度。阳虎说：‘要致富就不能仁爱，要仁爱就不能致富。’治理国家，要让人民有固定的产业，减少税收。”

滕文问道图
选自《孔孟图歌》

孟子接着说："夏代时，民耕五十亩地，贡上五亩，实行'贡'法；商代时，民耕七十亩地，以七亩助公家，实行'助'法；周代时，民耕一百亩地，彻取十亩以为赋，实行'彻'法，税率都是十分之一。'彻'是'通'的意思，'助'是借助的意思。龙子说：'田税最好的办法是助法，最不好的办法是贡法。'贡法是比较若干年的收成，取平均数确定一个定数。丰年，粮食很多，多征收一点也不算暴虐，却不多收；灾年，把落在地里的粮粒都收集起来也不够交税的，而贡法却要求必须足数征收。国君作为百姓的父母，使百姓终年辛苦劳作却不能养活父母，还得借贷补足赋税，使老人孩子抛尸山野，哪里能算是百姓的父母呢？贵族世代享受俸禄的办法，滕国本来就实行了，为什么不实行助法让老百姓也能有一定的土地收入呢？《诗经》说：'雨浇灌了公家田地，也下到了我们的私田里'，只有'助'法才有公田。由此可见，就是周代也是采用'助'法。"孟子主张税收采用商朝的助法，将国有土地分成公田和私田，公田收入给国家，私田收入归自己，丰年国家和农民的收入都多，灾年国家和农民的收入都少，就能避免贡法的弊端。

孟子接着又说："要设立'庠''序''学''校'教导老百姓。'庠'是教养的意思，'校'是教导的意思，'序'是习射的意思。夏代称'校'，殷商称'序'，周代称'庠'，'学'是三代共用的名称，都是用来教明伦理道德的。在上位的明白了伦理道德，老百姓在下面就会相亲相爱。如果有圣王出现，必然前来学习仿效，这样就成为圣王的老师。《诗经》说：‘周虽然是古老的诸侯国，却接受了天命气象一新’，这是说的文王。您努力推行吧，也可以更新您的国家。”

滕文公看来是打算采用孟子的建议，就派臣子毕战向孟子请教井田制。

孟子对毕战说：“你的君主将要实行仁政，选择你来问我，你一定要努力。实行仁政，一定要从划分确定田地的界限开始。田界不正，井田就不均匀，作为俸禄的地租收入就不公平，所以残暴的君主和贪官污吏必定要搞乱地界。地界正确了，分配井田、制定俸禄就很容易办好了。

“滕国地方虽然狭小，也要有人做君子，也要有人当农夫。没有君子就没人管理农夫，没有农夫也无法供养君子。请在郊野实行九分抽一的助法，城市实行自行缴纳十分之一赋税的办法。卿以下官员一定要有祭祀使用的圭田，每家五十亩，其余老少尚有余力者每人给二十五亩。丧葬迁居都不能离开本乡，同一井田的各家出入互相友爱，守卫防盗互相帮助，有疾病互相照顾，那样百姓就亲爱和睦。一里见方的土地为一个井田，一个井田九百亩，中间一块是公田，八家每家一百亩私田，首先共同耕种公田，公田耕种后再耕种私田，这就是区别君子和农夫的办法。这是井田制的大概情况，至于如何进行改善，那就在国君和你了。”（《滕文公上》3）

以上谈话，孟子劝告滕文公要重视农业生产，合理征税，兴办学校，开展教化，实行井田制，使人民安居乐业，比较全面地反映了孟子的仁政主张。但是滕国是否实行了井田制，史无记载，我们无从了解。

孟子在滕国看来很受滕文公的器重，连国家的大政方针滕文公也都向孟子请教。

滕文公问孟子说：“滕国是小国，处于齐楚之间，是奉事齐国呢，还是奉事楚国呢？”

孟子回答说：“这个谋略不是我的能力所能及的。如果一定要我说，那就只有一个办法，挖深护城河，修好城墙，同百姓一起保卫它，百姓宁可献出生命也不离去，那就好办了。”（《梁惠王下》13）

滕国南邻楚国，东北与齐国接壤，这两个国家都是当时势力强盛

滕侯方鼎

的大国，滕国要想在夹缝中生存是非常困难的，因此历来都是奉事大国以求自安。但是，孟子反对事大主义，保护国家安全要靠自立自强，要靠全国人民的齐心协力。

滕文公又一次问国家安全的问题，他说："滕国是个小国，尽心竭力地奉事大国仍然难免灾祸，怎样办才行呢？"

孟子回答说："过去太王居住在邠地，狄人侵犯他，太王送上兽皮和丝绸仍然不能幸免；太王就送上好狗良马，仍然不能幸免；太王就送上珍珠美玉，还是不能幸免。于是太王召集邠地的老人对他们说：'狄人所要的是我们的土地。我听说，君子不能用养活人的东西害人，你们何必担心没有君主，我将要离开这里。'离开邠地，越过梁山，在岐山下新建城邑定居下来。邠地的人们说'太王是位仁人啊，不能失去他'，追随他去的人就像赶集的人一样多。也有人说：'土地必须世世代代进行守护，不是我们自作主张就能放弃的，就是拼上命也不能离开。'请您在这两种办法中选择吧！"（《梁惠王下》15）

滕国夹在齐楚两个大国之间，如何图存，确实是一个难题。孟子虽然提出了两个办法，但第一个办法其实是根本无法实现的。在太王时期，地广人稀，人们迁徙是很容易的，但在战国时期，各国之间拼死争夺土地，哪里有闲置的土地供迁徙者居住呢？孟子开出的药方其实只有一个，那就是自强自立，保国爱民，坚守国土，宁可战死，也不能放弃祖先的土地。

公元前 322 年，齐国的田婴与新立的国王齐宣王关系不好，四月被封到薛地，十月就修筑薛城。这引起滕文公的恐惧，害怕齐国以薛城为基地进攻滕国，于是他就去请教孟子。

滕文公说：“齐国人将要修筑薛城，我很害怕，怎么办才好呢？”孟子回答说：“过去太王居住在邠地，狄人来侵犯，他就离开邠地到岐山下居住。他不是愿意选择岐山，是迫不得已罢了。如果能够实行善政，后世子孙必定有人能够称王的。君子创立基业，传之子孙，就是要一代代地传下去。至于能否成功，那就由天来决定了。您怎样对付齐国呢？只有努力推行善政罢了。”（《梁惠王下》14）

齐国在滕国国境东侧修筑薛城，确实对滕国构成很大的威胁，面对滕文公的恐惧，孟子勉励滕文公顺从社会发展趋势，努力实行仁政。只要实行仁政，后世子孙就能称雄天下，国家就能长治久安。

在滕国时，孟子与农家学派和墨家学派各进行了一次辩论。

墨家学派的夷之通过徐辟求见孟子。孟子说：“我本来愿意见他，但是现在我的病还没有好，等病好了我就去见他，夷子不必到我这里来。”过了些日子，夷之又求见孟子。孟子说：“我现在可以见他了。不过，说话不直接，道理就显示不出来，我姑且直截了当地说吧。我听说夷子是信奉墨家学说的，墨家办理丧事是以薄葬为原则的。夷子想以此移风易俗，岂不是认为不薄葬就是不足可贵的？然而夷子埋葬他的父母相当丰厚，那就是用他所轻贱的方式奉事他的父母。”

力辟杨墨图
选自《孔孟图歌》

徐子把孟子的话转告给夷之。夷之说：“儒家学说认为，古代的君主爱护人民好像爱护婴儿一样，这句话是什么意思呢？我认为它的意思是说人对人的爱是没有亲疏厚薄的差别的，只是施行起来是从父母开始罢了。”他的言外之意是说墨家的兼爱主张

墨子像

墨子（约前468—前376），春秋战国之际的思想家，墨家学派的创始人。

是很有道理的，他厚葬父母是有依据的。

徐子又把夷之的话转告给孟子。孟子说：“夷子真的认为人们爱他的侄子和爱他的邻居的孩子是一样的吗？婴儿在地上爬行就要掉到井里去了，这并不是婴儿的过错（言外之意是说：孩子将要掉到井里去，不管是谁的孩子人人都会来救，夷之认为这就是爱无差等）。况且天生万物，只有一个本源，而夷子认为人有两个本源（言外之意是说：人的本源只有一个，那就是父母。夷之认为自己的父母与别人的父母没有差别）。大概在上古的时候，曾经有不埋葬自己的父母的人，父母去世后，他就扛到山沟里扔掉了。后来路过那里，看到狐狸在啃尸体，苍蝇蚊子在叮咬尸体，这个人额头上不禁冒出汗，斜着眼睛不敢正面去看。那个汗不是流给别人看的，而是内心的悔恨表露在了脸上，大概他就回家拿来锹和筐把尸体埋葬了。埋葬尸体确实是对的，那么，孝子仁人埋葬他的父母自然是有道理的。”

徐子把这话转告给夷之，夷之怅惘了一会说：“我受到教诲了。”（《滕文公上》5）

儒家主张爱有差等，墨家主张兼爱，爱无差等，两家的主张是针锋相对的。墨家主张爱人不应该有亲疏等级的差别，爱别人要像爱自己一样，爱别人的父母要像爱自己的父母一样，爱没有主次之分、先后之别，它反映了人们对平等的追求和向往，是具有进步性的。但在一个存在阶级差别与等级差别的社会中，主张爱无差等，泯灭差别和矛盾，这个主张是行不通的。儒家的爱有差等，是以爱自己的父母为根本，进而推广到爱他人的父母、子女，包括亲爱父母、仁爱百姓、爱护自然万物，有一个由近及远、推己及人的过程，它符合社会的实际，所以逐渐积淀为中华民族的民族心理和习俗。

与农家学派的辩论的主要内容是社会分工和物品交换原则。

奉行神农氏学说的许行从楚国来到滕国，登门拜见滕文公说：“我这个从远方来的人听说您施行仁政，愿意得到一个住处成为您的百姓。”滕文公于是给了他一个住处，他和门徒几十个人都穿着粗麻的衣服，依靠编织草鞋和席子为生。

陈良的弟子陈相和他的弟弟陈辛也背着农具从宋国来到滕国，对滕文公说：“听说您施行圣人的政治，您也就是圣人了，我们愿意做圣人的百姓。”陈相见到许行后非常高兴，就抛弃了自己原来的学说而向许行学习。

陈相来拜见孟子，转告许行的话说：“滕国国君确实是位贤明的君主，虽然如此，但他还是没真正懂得贤君治理国家的道理。贤人与人民一起耕作养活自己，自己做饭，同时治理国家。现在，滕国有储存谷米的仓廪、储存财物的府库，这是刻剥百姓来供养自己，哪能称得上是贤明呢？”

孟子问：“许子一定是自己种庄稼才吃饭吗？”

陈相回答说：“是的。”

孟子接着问：“许子一定是自己织布后才穿衣吗？”

陈相回答说：“不是的，许子穿粗麻的衣服。”

孟子又问：“许子戴帽子吗？”

陈相回答说：“戴。”

孟子问：“戴什么样的帽子？”

陈相回答说：“戴生丝织的帽子。”

孟子问：“自己织的吗？”

陈相回答说：“不，用粮食换来的。”

孟子问：“许子为什么不自己织呢？”

陈相回答说：“那样会妨碍农活。”

孟子再问：“许子用锅甑做饭，用铁农具耕种吗？”

陈相回答说：“是的。”

孟子问：“是自己造的吗？”

陈相回答说：“不是，是用粮食换来的。”

后稷像

后稷，周人的始祖，善于种植各种粮食作物，舜时为农官，教民耕种。

孟子说："拿粮食交换器具不能算是伤害了工匠，工匠用器具交换粮食难道就伤害了农民了吗？而且许子为什么不自己制陶冶铁，制作各种器具放在自己家里随时取用？为什么要一件件地与各种工匠交换？为什么许子这样不厌其烦？"

陈相回答说："各种工匠的工作是不可能一边耕种一边干的。"

孟子说："那么管理国家就能边耕种边干吗？国家有官员的工作，有小民的工作。再说一个人所需的物品需要各种工匠来制备，如果一定要自己制作然后使用它，这是带领天下的人疲于奔命。所以说，有的人劳动脑力，有的人劳动体力。劳动脑力的治理人，劳动体力的人被治理，治理人的人被人养活，被治理的人养活别人，这是天下通行的道理。

大禹治水图

大禹疏通河流，将洪水引入大海。

“在尧的时代，天下还不安定，洪水横流，到处泛滥，草木茂盛，禽兽大量繁殖，庄稼没有丰收，禽兽危害人类，足迹遍布中原。尧对此很是担忧，于是选拔舜来总领治理。舜派益掌管火政，益焚烧山野沼泽的草木，禽兽纷纷逃跑藏匿起来。禹疏浚九河，治理济水、漯水，将水引入大海，挖掘汝水、汉水，疏通淮水、泗水，将水引入大江，中原人民才能吃上饭。在这个时候，禹在外八年，多次经过自己的家门都没有进去，即使他想自己耕种，能办得到吗？

“后稷教人民耕种，种植五谷，五谷成熟，才能养育人民。人有人的行事准则，吃得饱，穿得暖，住得安逸却没有教养就与禽兽差不多。圣人又为此忧虑，派契担任司徒，以伦理道德教育人民：父子有骨肉之亲，君臣有礼仪之道，夫妇有内外之别，长幼有尊卑之序，朋友有诚信之德。尧说：‘督促他们，纠正他们，帮助他们，让他们自得其本来的善性，然后提携教诲他们。’圣人这样替人民考虑，还能有时间去耕种吗？

“尧以得不到舜为忧虑，舜以得不到禹和皋陶为忧虑。以百亩土地耕种不好为忧虑的是农夫。把财物分给他人叫做惠，把好的道理教给他人叫做忠，为天下选拔出色的人才叫做仁。所以把天下让给他人是容易的，为天下选拔贤才是困难的。孔子说：‘真伟大啊！尧作为天子。只有天最伟大，只有尧能够效法天。尧的功德广阔无边，人们找不出合适的语言来赞颂他。真是个好君主啊！舜，多么崇高啊！拥有天下却不占有它！’尧、舜治理天下，难道不用心思吗？只是不用在耕种上罢了。

“我听说过用中原先进文化改变落后文化的，没有听说过用落后文化改变中原先进文化的。陈良是楚国人，喜欢周公、孔子的学说，到北方的中原地区来学习，北方中原的学者还没有人能够超过他，他就是所谓的豪杰之士啊！你们兄弟向他学习了几十年，老师死了却背叛了他的学说。过去孔子去世，守丧三年之后，弟子们收拾行李准备回去，进屋与子贡作揖告别，相对哭泣，都泣不成声，然后才回去。子贡又回到孔子墓地筑庐守墓，独居了三年，然后才回去。过了一段时间，子夏、子张、子游认为有若像圣人，想像奉事孔子那样奉事他，

治任别归图
明无名氏作

强迫曾子同意。曾子说：‘不行。老师的品德就像用江汉的水洗涤过，夏天的太阳暴晒过，洁白明亮，无法超越。’现在，许行这个说话像伯劳叫似的南蛮之人，攻击先王的学说，你背叛了你的老师去跟他学习，就与曾子大不相同了。我听说‘鸟从幽暗的山谷中飞出来，落到乔木上’，没有听说鸟从乔木上飞到幽暗的山谷中的。《鲁颂》说：‘征讨戎狄，惩罚荆舒’，周公还要攻击他们，你却向楚国人学习，这不是好的变更。”

陈相说：“依照许子的学说，那么市场上物价一致，国中没有欺假，即使打发小孩去市场，也没有人欺骗他。布匹和绸子一样长，价钱就相同；麻线和丝绵一样重，价钱就相同；五谷一样多，价钱就相同；鞋子大小一样，价钱就相同。”

孟子批驳他说：“物品不一致，这是物品的本性。有的相差一倍五

子夏
子夏（前507—？），即卜商，孔子著名弟子，以文学著称。

子张
子张（前503—？），即颛孙师，孔子著名弟子。

倍，有的相差十倍百倍，有的相差千倍万倍。你要使它们完全一致，这是扰乱天下啊。大鞋小鞋一样的价钱，人们还做大鞋吗？依从许子的主张，是带领大家走向虚伪，哪里能治理国家呢？”（《滕文公上》4）

孟子从治理国家、天下的高度，批驳了农家学派否定社会分工和不分产品品性而价格一律相同的主张，阐明了劳心者与劳力者的社会分工理论和产品等价交换的原则，阐述了用先进文化改变落后文化的重要性，强调了社会分工和等价交换的必要性和合理性，应该说孟子的这些主张不仅符合当时的社会现实，而且符合人类社会发展的历史趋势。

从这次论辩看，孟子善设机巧，词锋锐利，精于辩论。他批评许行、陈相否定社会分工的主张，不是长篇大论地讲道理，而是运用社会生活中的客观事实，采用简短的对话语言，层层设问，一连十个诱问，丝丝入扣，步步进逼，使对方承认了前者就不得不承认后者，将对手引入预设的陷阱之中。在论证社会分工时，孟子大段铺叙，饱含感情绘声绘色地描述尧时社会状况，赞颂圣人忧国忧民的品德和消除自然灾害、发展生产、安定社会、开展教化、选拔贤人的功绩，强调了社会分工的必要性和必然性。在三大段论述中，孟子最后都是采用反诘语句，“虽然他想自己耕种，能办得到吗？”“圣人这样替人民考虑，还能有时间去耕种吗？”“尧舜治理天下，难道不用心思吗？”整个论辩显示出孟子论说透彻、语言生动、宏博深厚、若决江河的雄辩特色。

子游

子游（前506—？），即言偃，孔子著名弟子，以文学著称。

有若

有若（前508—？），孔子著名弟子。

从上述情况看，在滕国时，孟子的政治思想已经非常成熟，孟子善辩的风格也已经形成。

在滕国，孟子大概也没有受到多大的重视。他住在上宫，有一个编织草鞋的人将没有编成的鞋放在窗户上不见了，馆人竟然去问孟子是不是跟随他的人把它藏起来了。他的问话惹得孟子很生气，孟子说："你认为他们跟随我是为偷鞋来的吗？"那个人马上解释说："大概不是的。夫子开设课程教人，学生们走的您也不追问，来的您也不拒绝，只要是带着求学的心来，您就接受他，这难免有手脚不干净的人混进来吧。"（《尽心下》30）

滕国本来就是一个小国，难以有所作为，而滕国国君又没有全部采纳孟子的政见，环境也不好，所以孟子就决定离开滕国。

游　梁

大约在53岁时，孟子来到梁国。

梁国其实就是魏国。公元前376年，韩、赵、魏三家灭掉晋国，各自建国。魏国原来定都安邑（今山西省夏县西北），魏惠王九年（前362年），魏与秦战于少梁，魏将公叔痤被擒，为躲避秦国，魏国迁都大梁（今河南开封），所以魏又称做梁，魏惠王也就被称做梁惠王。

来到魏国，孟子就去拜见梁惠王。

梁惠王说："老先生，您不远千里而来，将怎样有利于我国呢？"

孟子回答说："大王为什么一定要说利呢？有仁义就行了。大王说'怎样有利于我国'，大夫们说'怎样有利于我的封邑'，士人平民说'怎样有利于我自身'，上上下下互相追逐私利，那国家就危险了。拥有一万辆战车的国家，杀掉国君的一定是拥有一千辆战车的诸侯。拥有一千辆战车的诸侯，杀掉诸侯的一定是拥有一百辆战车的大夫。在一万辆战车的国家里拥有一千辆战车，在一千辆战车的诸侯国里拥有一百辆战车，不能算不多了。如果轻义而重利，他们不篡夺君位是不会满足的。没有讲仁而遗弃他父母的人，没有讲义而不顾他国君的人。

大王只讲仁义就可以了，何必要谈论利呢？”（《梁惠王上》1）

孟子第一次见到梁惠王就批评他先讲利，认为国家上上下下互相逐利就会给国家带来危险，只有提倡仁义才能使国家巩固。

孟子再一次去见梁惠王的时候，梁惠王正站在池塘边观赏鸿雁麋鹿，他问孟子说：“贤人也对此感到快乐吗？”

孟子回答说：“只有贤人才能感受这种快乐，品德不好的人即使拥有珍禽异兽也不会感受到快乐。《诗经·灵台》说：‘文王建灵台，规划细经营，百姓齐努力，很快就建成。文王劝别急，百姓如儿来。文王游灵台，母鹿伏地乖。母鹿毛色亮，百鸟振翅翔。文王游池沼，鱼儿满池跳。’文王依靠百姓的力量筑台挖池，人民却高高兴兴，称高台为灵台、池塘为灵沼，为文王有麋鹿鱼鳖而高兴。古代的贤人与民同乐，所以能够快乐啊。《尚书·汤誓》说：‘这个太阳什么时候灭亡，我们与你同归于尽’，百姓想与桀同归于尽，虽然有台池鸟兽，难道桀能够独自快乐吗？”（《梁惠王上》2）

孟子引用《诗经》和《尚书》中的句子，把周文王的贤与桀的不贤进行鲜明的对比，告诉梁惠王一个真理：国王与民同乐才能得到人民的拥护，才能得到真正的快乐。

经过这两次谈话，梁惠王对孟子有了一定的了解，再次见到孟子

梁惠王问利国
选自孟庙明初碑刻

文王访贤图

周文王，周族首领，为周王朝的建立奠定了基础，被儒家推崇为圣王。

时就开始同孟子讨论治理国家的大事。

梁惠王对孟子说：“我治理国家是尽了心的。黄河以北的地方发生灾荒我就把老百姓迁到黄河以东的地方，把粮食运到黄河以北，黄河以东灾荒时也是如此。观察邻国的政务，没有哪个像我这样为百姓操心的。但是邻国的人口并没有减少，我国的人口也没有增多，为什么呢？”

孟子回答说：“大王喜欢打仗，请让我用打仗作比喻。战鼓咚咚地敲了起来，枪尖刀刃刚一接触，就有人丢掉铠甲，倒拖着兵器逃跑。有的跑了一百步停下来，有的跑了五十步停下来。如果有人只逃了五十步就嘲笑逃了一百步的人，那样行不行？”

梁惠王说：“不可以，只不过是逃跑了不到一百步罢了，这都是逃跑啊。”

孟子接着说：“大王如果懂得这个道理，就不要希望魏国的老百姓会比邻国多了。不在农忙季节征召农民去打仗建房，粮食就吃不完；细密的渔网不进入池塘，鱼鳖就会吃不完；按一定的季节砍伐山林，木材就用不完。粮食和鱼鳖吃不完，木材用不完，这就使老百姓养家糊口和办理丧事都没有遗憾了。老百姓生养死葬都没有遗憾，这就是王道的开始。

“五亩地的宅院，栽种上桑树，五十岁的人就能穿上丝绸了。鸡、猪、狗一类的家畜不错过它们的繁殖季节，七十岁的人就可以吃上肉了。百亩的田地，不夺占农民生产的时间，几口人的家庭就可以不饿肚子了。认真办好学校，反复地用孝敬父母尊敬兄长的道理进行教育，头发花白的老人就不用头顶肩扛着重物赶路了。七十岁的人穿上丝绸，吃上肉，老百姓不挨饿受冻，做到这样却不能统一天下的人是绝对没有的。

“富贵人家的猪狗吃着人吃的粮食却不知道制止，道路上有饿死的尸体却不知道开仓救济。人死了就说‘不是我的责任，是收成不好’，这与把人刺死了说‘不是我杀的，是兵器杀的’有什么不同？大王不用归罪收成不好，只要像我说的那样做，天下的老百姓就会投奔到这里来。”（《梁惠王上》3）

孟子向梁惠王提出了自己的政治理想，五亩之宅，百亩之田，植桑养蚕，饲养家畜，国家不夺农时，让农民专心生产，人民就能安居乐业，国家再进行教化，就能统一天下。更为难能可贵的是，孟子这时已经有了可持续利用的意识，不用细密的网打鱼，鱼鳖就会吃不完，按时砍伐山林，林木就会用不完，合理使用和保护自然资源才能取之不竭。

经过几次谈话，梁惠王对孟子越来越尊敬，再与孟子谈话时，就换成请教的口气。

梁惠王对孟子说：“我希望听到您的指教。”

孟子接着就问：“杀人用木棍与刀子有什么不同吗？”

梁惠王回答说：“没有什么不同。”

孟子又问：“用刀子与暴政有什么不同吗？”

梁惠王回答说：“没有什么不同。”

孟子接着说：“厨房里有肥嫩的肉，马棚里有健壮的马，老百姓面带饥色，田野里有饿死的人，这就如同率领野兽来吃人啊。野兽自相残杀，人们尚且厌恶它，身为老百姓的父母官，治理人民，却不能免于像率领野兽来吃人，那他怎么能算是老百姓的父母官呢？孔子说过：‘最初制作陪葬俑的人大概会断子绝孙吧。’是因为陪葬俑像人的样子，却被用来陪葬。像人的样子陪葬都不行，怎么能让他的百姓饿死呢？”（《梁惠王上》4）

游见梁惠图

选自《孔孟图歌》

孟子具有强烈的同情心，他将老百姓被饿死比喻成是官员率领野兽吃人，以此劝告梁惠王要行仁政。本段对话没有记载梁惠王听后的态度，但如此激烈的言辞一定会使他深受刺激吧。

梁惠王又一次向孟子请教：“我们国家以前是天下最强大的，这是老先生您知道的。等传到我的时候，东边败给了齐国，我的长子也死在这场战役中，西边丢失给秦国七百里的地方，南边又受辱于楚国。我深以为耻，希望替所有的战死者报仇雪恨，怎么做才好呢？”

孟子回答说：“地方百里见方的小国也可以取得天下。大王如果对老百姓实行仁政，减少刑罚，减轻税收，使老百姓深耕细作，勤除杂草，壮年人农忙之余学习孝悌忠信的道理，进家侍奉父兄，出外侍奉尊长，这样就可以让他们拿起木棍痛击秦国和楚国身披坚硬铠甲、手拿锐利刀枪的军队了。他们夺占农时，使老百姓不能耕种以奉养父母，父母受冻挨饿，兄弟妻子四处逃散，他们使自己的百姓陷入深渊，大王前去讨伐，谁能跟大王对抗呢？所以说‘仁者无敌’，大王不要怀疑这个道理。”（《梁惠王上》5）

这次谈话，孟子比较详细地介绍了实行仁政的主要措施：省刑罚，薄赋敛，不违农时，进行教化。实行仁政，就能无敌于天下。但是孟子的政治思想并没有被梁惠王采纳多少。

在魏国时，孟子大概也是无事可做，在公元前319年，他曾经与周霄讨论过出仕问题，也与弟子公孙丑讨论过齐宣王短丧的问题，与白圭讨论过税收等问题。

周霄问孟子："古代的君子们出仕做官吗？"

孟子回答说："古代的君子们是出仕的。《传》说：'孔子三个月没有被国君任用就惶惶不安，离开一个国家时必定带上拜见下一个国君的礼物。'公明仪也说：'古代的人三个月不被国君任用，就要去安慰他。'"

周霄接着又问："三个月没有国君任用就去安慰他，不是太急了吗？"

孟子接着回答说："士失掉了官位就像诸侯失掉了国家啊，能不急吗？《礼》上说：'诸侯亲自耕种，就是为了供给祭品；国君夫人亲自养蚕缫丝，就是为了制作祭服。祭祀的牛羊不肥壮，粮食不洁净，祭服不齐备，就不敢进行祭祀。士没有祭田，那也不能祭祀。'祭祀的祭品、器具、衣服都不齐备，不敢进行祭祀，也就不能举行宴会，不应该去安慰他吗？"

周霄又问："离开一个国家就带上去另一个国家拜见国君的礼物，为什么呢？"

孟子回答说："士人出仕做官就像农民耕种一样，农民难道因为离开国家就扔掉他的耕种工具吗？"

周霄说："我们魏国也是有官可做的国家，我不曾听说过对出仕做官这样急迫的。想出仕做官这样急迫，君子却又不轻易去做官，为什么呢？"

子西沮封图

孔子周游列国就是寻找从政的机会，以施展自己的政治抱负。

孟子解释说："男孩一生下来，父母就希望给他找妻子；女孩一生下来，父母就希望给她找婆家。父母的这种心情是人人都有的。但是如果不等父母的同意、媒人的介绍，就自己钻洞扒缝互相偷看，跳过墙头去私会，那么父母和国人都会鄙视他们。古代的君子不是不想去做官，但是厌恶不从正道去做官，不从正道去做官和钻洞扒缝之类的行径是一样的。"（《滕文公下》3）

在孟子生活的战国时代，奴隶社会官位由贵族世袭的制度被打破，产生了不是依靠家族地位而是依靠个人能力去做官的士阶层。这个阶层急于推行自己的政治主张，施展自己的政治抱负，所以急急忙忙地去寻找出仕做官的机会。但是士人们大多有抱负，有理想，有追求，要求很高，并不是见官就做，而是有所选择，所以世人对他们不理解。孟子与周霄的对话一方面为他们辩解，一方面为他们宣传，士人要积极入世，通过入仕做官，改良社会，造福人民，但入仕做官要遵守礼仪规范，不能以不合乎礼仪的方式去做官。

公元前319年，齐威王去世，继位的齐宣王想缩短守丧的时间，消息传到了魏国，公孙丑就问孟子："为父母服丧虽然只有一年，总还是比不服丧好吧？"

孟子对这种不合礼仪的行为是很不满的，就对公孙丑说："这就好比有人扭着他哥哥的胳膊，你不去制止，却说暂且慢慢地扭吧。能有什么用呢？你要用孝顺父母、尊敬哥哥的道理去教育他。"

有个王子的母亲去世了，他的老师替他请求国王让他守丧几个月，公孙丑听说这件事情就问孟子："像这样的事情怎么样呢？"

按照《仪礼·丧服记》的规定，王子在身为诸侯之妾的母亲去世后，如果父亲尚在，王子不必服丧，只在母亲下葬时穿穿麻衣就可以了。所以孟子回答说："这是想服丧三年而不能办到的缘故。即使多守丧一天也比不守丧好，这是对那些没有规定禁止守丧而自己却不去守丧的人说的。"（《尽心上》39）

孟子认为为父母守丧三年是天经地义的，不应该将守丧的时间缩短。

魏国宰相白圭对孟子说："我想实行二十抽一的税率，怎么样呢？"

孟子回答说："你的办法是貉国曾经采用过的办法。在一万户的国家，只有一个人做陶器，那可以吗？"

白圭说："不可以，陶器会不够用的。"

孟子接着说："貉国，不生五谷，只生长黍子；没有城郭、宫室、宗庙和祭祀礼仪，没有各国之间的赠送礼物和宴请之类的交往，没有各种官员和衙署，所以二十抽一的税率就足够了。现在居住在中原，却像貉国那样抛弃人伦，废除官吏，怎么能行呢？制作陶器的人少，尚且不可以治国，何况没有官吏呢？想使税率低于尧、舜的标准的是大貉、小貉啊，想使税率高于尧、舜的标准的是大桀、小桀啊。"（《告子下》10）

孟子主张要根据国家开支的实际情况制定合理的赋税制度，赋税过重，加重对人民的剥削，危害民生，这当然是主张轻徭薄赋的孟子所坚决反对的，但是赋税过轻，不能满足国家的实际需要也是不行的，所以孟子主张十分之一的税率。

白圭在魏国采用筑堤的办法防治洪水，他很得意，对孟子说："我的治水办法胜过大禹。"

大禹治水图

孟子批评他说："你错了。大禹治水是顺从水性，使水流向四海，所以大禹以四海为蓄水池，现在你却是以邻国为蓄水池。水逆流泛滥就叫洚水，洚水就是洪水，是仁人最为厌恶的。你错了。"（《告子下》11）

治水应该顺从水性，把水引向大海，白圭却采用筑堤的办法，以邻为壑，有利于己，却危害邻国，当然要受到孟子的批评。

梁惠王在世时，孟子就已经看不惯梁惠王的所作所为，他曾私下批评说："梁惠王真是一个不仁爱的人啊！仁爱的人把给予他所喜爱的人的恩德推及到他所不喜爱的人，不仁爱的人把给他所不喜爱的人的灾祸推及到他所喜爱的人。"公孙丑不明白，就问："这是什么意思呢？"孟子告诉他说："梁惠王因为土地的原因，糟蹋百姓的生命驱使他们去打仗，大败后准备再去打，担心不能取胜，所以又驱使他所喜爱的子弟去为他送死，这就叫把带给他所不爱的人的灾祸推及到他所喜爱的人。"（《尽心下》1）梁惠王暴虐不仁，为了争夺土地，驱使百姓去打仗，以致暴尸田野，骨肉糜烂，战败后，又驱使贵族子弟去打仗，当然会受到孟子的批评。孟子反对战争，他曾批评说"春秋无义战"。

公元前 319 年，梁惠王去世，他的儿子即位，后世称为襄王。

孟子也曾与襄王进行过交谈。这次是梁襄王突然发问，谈话的情况是孟子在谈话结束后出来向人转述的。

孟子与梁襄王谈话结束后退了出来，告诉别人说："从远处看他不像个国君，走到他跟前也看不出他的威严。他突然问我说：'天下怎样才能安定？'我回答说：'天下统一才能安定。'他又问我：'谁能使天下统一？'我回答说：'不爱好杀人的人能统一。"他接着问我：'谁能跟随他？'我回答说：'天下的人没有不跟随的。大王了解禾苗吗？七、八月间天气大旱，禾苗就干枯了，天上突然涌上浓云，下起大雨，禾苗就猛然茂盛起来。像这样，谁能阻止它生长呢？现在天下的国君没有不爱好杀人的，如果有不爱好杀人的，那么天下的人民都会伸长脖子盼望他。果真这样，老百姓归顺他，就像水向下奔流一样，浩浩荡荡，谁能抵挡得住呢？'"（《梁惠王上》6）天下安定，必须统一，而要统一天下，一定不能喜好杀人。

从梁襄王问天下安定看，他应该是个有抱负的国君，但很可能孟子认为他也不是一个可以或者能够辅佐的国君，所以在他即位后不久，孟子就离开了魏国到齐国去，在魏国大约只停留了两年时间。

宦　齐

孟子离开魏国到齐国去，路经范地，遇到了齐王的儿子。看到王子气度不凡，孟子感慨地说：“居住环境能够改变人的气质，奉养能够改变人的体质，一个人所处的环境太重要了！他和别人不都一样是做儿子的吗？”孟子继续说：“王子的住房、车马、衣服大多与别人相同，而王子却那样与人不同，这是他居住的环境使他这样的，何况居住在天下最宽广的住所中的人呢？有一次，鲁国的国君到了宋国，在宋国的垤泽门下呼喊，守门的人说：‘这个人不是我们的国君，为什么他的声音那么像我们的国君呢？’这没有别的原因，是他们居住的环境相似罢了。”（《尽心上》36）

从孟子的这次议论看，他认为环境对人能够产生很大的影响，环境可以改变人的气质和风度。

孟子到了齐国，就去拜见齐宣王。齐国本来是周朝开国功臣姜尚的封国，依山傍海，沃土千里，又有渔盐之利，经济发达，一直是东方的强国，但是到了公元前379年被田姓取代。齐宣王的祖父齐桓公在齐国国都稷门外设置了稷下学宫，招徕一大批学者讨论政治，进行学术研究，为齐国出谋划策，齐国很快就强盛起来，到齐宣王时达到鼎盛。这时的齐宣王踌躇满志，见到孟子首先就问齐桓公和晋文公称霸的事情。

姜尚像

姜尚，名望，字子牙，辅佐周武王灭商，被封于齐。

齐宣王问孟子：“齐桓公、晋文公称霸诸侯的事情可以讲给我听

桓公台

听吗？”

孟子也许是吸取了过去游说诸侯没有成功的教训，一改过去对国君一味批评指责的简单做法，采用心理分析的方法，进行步步引导。当然他还要坚守儒家的观点，反对霸道，提倡仁政。

孟子回答说：“孔子的门徒们没有谈论齐桓公、晋文公的事情的，所以没有传到后世来，我没有听说过。大王如果一定要我讲，那就谈一谈用道德统一天下的王道好吗？”

齐宣王同意了，于是就问：“用什么样的道德就可以统一天下呢？”

孟子回答说：“爱抚并施惠于百姓就可以统一天下，这是没有人能够阻挡的。”

齐宣王接着就问：“像我这样的人可以做到爱抚百姓吗？”

孟子马上说：“可以。”

齐宣王问：“你凭什么知道我可以呢？”

孟子说：“我听胡龁说过一件事：有一天，大王坐在堂上，有个人牵着一头牛从堂下经过，大王看到了就问把牛牵到哪里去，牵牛的人回答说准备把它宰了涂衅祭钟，大王就说：‘放了它，我不忍心看它害怕哆嗦的样子，就像人毫无罪过就被杀死一样。’牵牛的人就问这样就废弃涂衅祭钟的仪式了吗，大王说：‘怎么可以废弃呢？用羊代替它！’不知道有没有这件事。”

齐宣王说：“有这件事。”

孟子说：“凭这种心肠就足以统一天下了。用羊代替牛，老百姓都

齐宣王问治国

选自孟庙明初碑刻

认为是大王吝啬，但我知道大王是不忍心让牛无罪去死。”

齐宣王说：“是的，确实有这样议论的老百姓。齐国虽然国土面积不大，我为什么连一头牛也舍不得？我就是因为不忍心看它害怕哆嗦的样子，就像人无罪被杀死一样，所以才用羊替换它。”

孟子说：“大王不要对老百姓认为大王吝啬而感到奇怪。用小的换大的，他们哪能理解您的心情。大王如果可怜牛毫无罪过就被杀死，那宰牛和宰羊有什么区别呢？”

齐宣王也觉得自己用羊换牛举动有些可笑，就笑着问：“这到底是一种什么样的心理啊？我确实不是吝惜钱财才将羊换牛的，但也难怪老百姓说我吝啬了。”

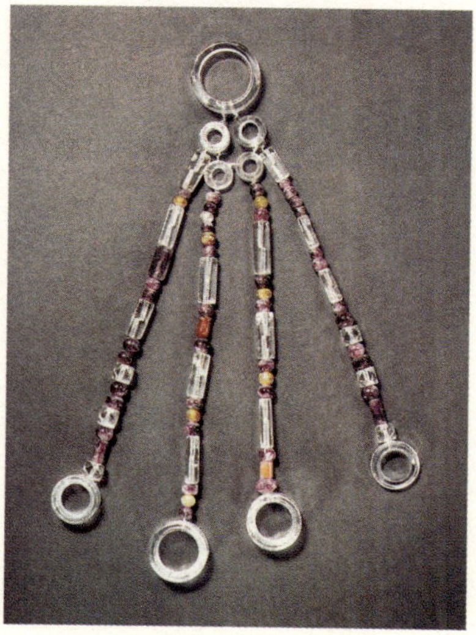

齐国水晶玛瑙串饰

战国时期饰品，临淄郎家庄出土。

孟子说：“没有什么关系，这是大王仁心的表现方式，因为大王只见到牛而没有见到羊啊。君子对于禽兽，看到它活着就不忍心看它死，听到它被宰杀时痛苦的声音就不忍心吃它的肉，这就是君子让厨房远离自己住处的原因。”

齐宣王高兴了，他说：“《诗经》说‘别人想什么，我能揣摩到’，这两句诗正像是说先生吧。我这样做了，反过来推求自己的本意，不知道自己为什么这样做。先生这么一说，我深有感触。这样的心理之所以合于王道又是为什么呢？”

孟子举例解释说：“如果有一个人报告大王说：‘我的力气足以举起三千斤，却举不起一根羽毛；我的眼力足以看清秋天野兽毫毛的末梢，却看不见一车柴火’，那么大王相信他的话吗？”

齐宣王说：“不会相信。”

孟子继续解释说：“现在大王的恩惠足以施加到禽兽，而功德却不能到百姓身上，这究竟是什么原因呢？一片羽毛都举不起来显然是不肯用力气，一车柴火看不见显然是不肯用眼力，老百姓得不到爱抚，显然是大王不肯施加恩德啊。所以大王未能统一天下，只是不去做，不是做不到。”

齐宣王接着问：“不去做与做不到在表现上怎么去区别呢？”

孟子回答说：“用胳膊夹着泰山跳过北海，对人说‘我做不到’，这是真做不到；替老人折根树枝，对人说‘我做不到’，这是不想做，不是做不到。所以，大王没有做到用王道统一天下，不属于用胳膊夹着泰山跳过北海一类的事；大王没有做到用王道统一天下，属于替老人折根树枝一类的事。”

齐国弦纹豆
战国时期器具，临淄齐国故城出土。

孟子接着说：“敬重自己的长辈，进而敬重别人的长辈；爱抚自己的孩子，进而爱抚别人的孩子。这样统一天下就像在自己的手掌上转动东西那么容易了。《诗经》说：‘先给妻子儿女做表率，再给兄弟做榜样，进而治理国家’，就是说将这样的心扩大到其他方面就行了。所以，推广恩德足以安定天下，不推广恩德连妻子儿女也保护不了。古代的贤人之所以远远超过一般人，没有别的，只是他们善于推广自己的好行为罢了。现在大王恩德能加到禽兽身上，而功德却到不了老百姓，这究竟是什么原因呢？称一称，然后才知道轻重；量一量，然后才知道长短。万物都是这样，人心更是如此，请大王认真考虑考虑吧！难道说大王兴师动众，使将士们身陷危险之中，同别的国家结下怨恨，然后内心才痛快吗？”

齐宣王急忙说：“不，不，对此我有什么痛快呢？我是想借此实现我最大的愿望吧。”

孟子接着问：“大王最大的愿望可以说给我听听吗？”

齐宣王笑了笑，却不回答。

孟子于是问：“是因为肥美甘甜的食物不能满足口腹之欲呢，轻软暖和的衣服不能满足身体穿着呢，还是因为艳丽的色彩不能满足眼睛观赏呢，美妙的音乐不能满足耳朵欣赏呢，受宠爱的人不能满足随意使唤呢？这些大王的臣子们都能够供给，大王难道是为了这些吗？”

齐宣王急忙说：“不，我不是为这些的。”

孟子说：“那么，大王最大的愿望可以知道了，是想扩展疆土，使秦国、楚国来朝拜，君临中原，安抚四周的民族。但是凭您的做法去追求实现您的愿望就像爬到树上去抓鱼一样啊。”

齐宣王大吃一惊，问：“有这么严重吗？”

孟子回答说：“恐怕比这更严重呢！爬到树上去抓鱼，虽然抓不到鱼，但没有后祸。用您的做法去追求您这样的愿望，费尽心力去做它，结果必定有灾祸。”

齐宣王问：“我可以听听您的道理吗？”

孟子问：“邹国跟楚国打仗，大王认为谁会胜利？”

齐宣王回答说：“楚国胜。”

孟子接着说：“既然这样，那么小国本来就不可以对抗大国，人少的国家本来就不可以对抗人多的国家，弱国本来就不可以对抗强国。海内拥有千里见方土地的国家有九个，齐国土地加起来也只有其中之一份。大王想用一份土地征服其他八份，这与邹国与楚国为敌有什么

游见齐宣图

选自《孔孟图歌》

差别呢？大王为什么不返回王道这个根本呢？现在大王发布政令施行仁政，使天下想做官的人都想站在大王的朝廷上，农民们都想耕种在大王的田野里，商人们都想把货物存放在大王的市场上，旅行的人都想奔走在大王的道路上，天下痛恨他们国君的人都想到大王这里来控诉。如果这样，谁能抵挡得住呢？”

齐宣王深受教育，他说：“我头脑昏乱糊涂，不能做到这一步，希望先生辅助我实现愿望，明明白白地教导我，我虽然不聪明，请让我试一试。”

孟子继续说：“没有固定的产业却有持久不变的善心，只有士能够做到。像一般百姓，没有固定的产业因此也就没有持久不变的善心。如果没有持久不变的善心，就会违法乱纪，胡作非为，无所不为。等他们犯了罪，然后用刑法处罚他们，这是陷害人民啊！哪里有仁人做国君却陷害百姓的呢？所以贤明的国君规定人民的产业，一定使他们对上足够奉养父母，对下足够养活妻儿，丰收之年一年到头能够吃饱饭，灾害之年免于饿死。然后督促他们一心向善，所以人民很容易地听从管理。现在规定的人民的产业，上不足以奉养父母，下不足以养活妻儿，丰收之年一年到头受苦，灾害之年免不了被饿死。这就使得人民连维持生命都怕来不及，哪有空闲时间去学习礼仪呢？大王想施行仁政，那为什么不返回王道这个根本呢？五亩的宅院，栽上桑树，五十岁的人可以穿上丝绸了；鸡、狗、猪等家畜，不错过繁殖季节，七十岁的人就可以吃上肉了；百亩的土地，不夺占他们耕种的时间，八口之家就可以不挨饿了；办好学校，反复地用孝悌道理教育他们，头发花白的老人就不会肩扛头顶着东西赶路了。老人穿上丝绸吃上肉，一般百姓不挨饿受冻，这样还不能统一天下，那是没有的事。”(《梁惠王上》7)

这是孟子到达齐国后与齐宣王的第一次谈话，也是孟子游说诸侯中最长的一次谈话，这次谈话充分反映了孟子的政治主张。谈话是从齐宣王想了解齐桓公、晋文公的霸道开始的，但孟子不与他讨论霸道，而是给他灌输王道仁政的道理。先讲只有爱抚百姓才能统一天下，然后转到齐宣王以羊易牛是有仁慈之心，鼓励齐宣王说他具有施行仁政的心理基础，接着委婉地批评齐宣王不肯施行仁政，阐述霸道必败、仁政必胜的道理，最后提出实行仁政的根本措施。

《孟子》中记载的这次对话不仅充分反映了孟子的政治思想，而且充分显示了孟子的辩论艺术。就内容说，这是一篇政论文，孟子论述了实行王道仁政、反对霸道的政治大问题，但并不是长篇大论，而是采用对话的形式，两人的对话都是轻松自如，既具有很强的感情色彩，又表现了各自的内心活动。特别是孟子运用了许多准确、生动的比喻，语言简练，富有鲜明的形象性。

初次谈话，使齐宣王了解了孟子的才能，所以齐宣王接下来开始就外交内政等问题征求孟子的意见，孟子也借机宣传自己的仁政主张。

有一次，齐宣王问孟子：“同邻国交往有一定的原则吗？”

孟子回答说：“有。只有仁厚的君主能以大国的地位侍奉小国，所以商汤曾经侍奉葛国，周文王曾经侍奉混夷。只有明智的君主能以小国的地位侍奉大国，所以周太王曾经侍奉獯鬻，勾践曾经侍奉吴国。以大国地位侍奉小国的君主是乐于听从天命的人，以小国地位侍奉大国的君主是畏惧天命的人。乐于听从天命的人能安定天下，畏惧天命的人能保护自己的国家。这正如《诗经》所说：

齐国素面壶

临淄齐国故城出土，战国时期器物。

‘害怕上天的威严，所以得到安定。’”

齐宣王听了很高兴：“您的话真高明啊！不过，我有个毛病，我好武勇，恐怕难以侍奉其他国家。”

孟子接着说：“大王不要喜好小勇。按着宝剑，瞪着大眼说‘哪个敢抵挡我呢’，这是匹夫之勇，只能对付一个人，请大王扩大它。《诗经》说：‘文王勃然大怒，于是整顿军队，去抵挡侵犯莒国的敌人，增强周朝的威望，以报答天下的期望。’这就是文王的勇敢，文王一怒而安定天下的人民。《尚书》记载说：‘上天降生人民，为他们设立君主，设置老师，要他们协助上天爱护他们。天下有罪和无罪的人都由我安抚或处置，普天之下，谁敢超越自己的本分。’商纣王横行于天下，周武王就认为是自己的耻辱，这就是周武王的勇敢，而武王也是一怒而安定天下的人民。现在大王也能一怒而安定天下的人民，那么人民唯恐大王不好武勇啊。”（《梁惠王下》3）

又有一次，齐宣王问孟子：“别人都建议我毁掉明堂，你说我是毁掉它呢，还是不毁呢？”

孟子回答说：“那明堂，是王者的殿堂啊，大王打算施行王政，那么就不要毁掉它。”

齐宣王问：“怎样实行王政，能说给我听听吗？”

孟子说：“从前周文王治理岐地，对农民只征收九分之一的税，官员世世享受俸禄，关卡和市场对商人只稽查而不收税，湖泊池塘不禁止打鱼，惩罚犯人也不牵连他的妻儿。年老没有妻子的叫鳏，年老没有丈夫的叫寡，年老没有儿子的叫独，年幼没有父亲的叫孤，这四种人是天下穷苦而无所依靠的人，文王发布政令实行仁政，一定先照顾这些人。正如《诗经》所说：‘富人生活很欢乐，可怜这些孤苦无依的人。’”

周文王像

齐宣王很高兴：“说得好

啊！”

孟子接着说：“大王如果认为说得好为什么不照着去做呢？”

齐宣王说：“我有个毛病，我爱好钱财。”

孟子引导他说：“从前公刘也爱好钱财，《诗经》上说：‘粮食堆满仓，准备好干粮，装满橐和囊，人民安定国威扬。箭上弦，弓开张，戈斧盾牌亮堂堂，浩浩荡荡去远方。’因此在家有粮食，外出打仗有干粮，然后才带领军队去打仗。大王如果爱好钱财，与老百姓共同享用，实行仁政有什么困难呢？”

齐宣王说：“我还有个毛病，我好色。”

孟子继续引导说：“从前太王也好色，非常宠爱他的妃子。《诗经》上说：‘古公亶父，清晨驱驰快马，沿着西边的河岸，来到岐山脚下，带着妻子姜氏，选择建造宫殿的地方。’在那个时候，内无找不到丈夫的老处女，外无打光棍的单身汉。大王如果好色，也让百姓有配偶，大王实行仁政有什么困难呢？”（《梁惠王下》5）

孟子力劝齐宣王实行仁政，齐宣王以自己有好勇、爱财、好色的毛病为借口推诿，孟子以文王武王好勇、公刘爱财和古公亶父好色但国家兴盛为例，说明只要是为了人民、与民共享，爱财、好色并不是毛病，煞费苦心地步步引导齐宣王。正如汉代赵岐所说，孟子确实是循循善诱的。

还有一次是齐宣王问周文王的园林：“听说文王的园林有七十里见方，有这事吗？”

孟子回答说：“在文献上有这样的记载。”

齐宣王接着问：“像这样也太大了吧。”

孟子回答说：“老百姓还觉得小了呢。”

齐宣王说：“我的园林见方四十里，老百姓还认为太大，为什么呢？”

孟子说：“文王的园林见方七十里，割草砍柴的可以去，捕鸟猎兔的可以去，他与老百姓共同享用，老百姓认为太小不也是很应该的吗？我初到齐国边境时，问清了齐国重要的禁令，然后才敢进入齐国。我听说齐国郊关之内有园林四十里见方，打死里面的麋鹿就如同犯了杀

人罪，这就像在国内设置了一个四十里见方的陷阱，老百姓都认为太大，不也是很应该的吗？”（《梁惠王下》2）

虽然文献中没有孟子这几次游说齐宣王效果的记载，但是看来引起了齐宣王的重视，齐宣王不仅在朝堂接见孟子，也开始在离宫别墅接见他。

齐宣王在他的离宫雪宫接见孟子，问孟子：“贤人也有这种快乐吗？”

孟子回答说：“有。人们得不到这种快乐，就要诋毁他们的国君了。得不到快乐就诋毁国君是不好的，作为国君不与人民同乐也是不好的。以人民的快乐为快乐的国君，人民也以他的快乐为快乐；以人民的忧患为忧患的国君，人民也以他的忧患为忧患。乐，同天下人民一起乐；忧，同天下人民一起忧；这样还不能称王是不可能的。

齐国云纹罍

战国时期器具，临淄齐国故城出土。

“过去，齐景公问晏子：‘我想去游览转附、朝儛两座山，然后沿着海边向南，一直到琅邪，我怎样做才能和先王的巡游相比拟呢？’晏子回答说：‘问得很好啊！天子到诸侯国去叫巡狩，所谓巡狩就是巡视诸侯治理的情况；诸侯朝见天子叫述职，所谓述职就是汇报履行职守的情况；都没有无事外出的。春天察看耕种情况，补助种子等不足的农户，秋天察看收获情况，救济歉收的人。夏代的民谣说：“我们的国王不出来巡游，我怎么能得到慰勉和休息？我们的国王不出来巡查，我怎么能得到补助？巡游巡查，成为诸侯的法度。”现在却不是这

晏子像

晏子（？—前500），名婴，字平仲，齐国大夫，辅助灵公、庄公、景公三代，历史上的名臣。

文王出猎图

文王出猎，访得贤人姜尚。

样，巡游时兴师动众，征集粮食，饥饿的人吃不上饭，劳作的人得不到休息，做官的切齿侧目，怨声载道，百姓也为非作歹。这样的巡游，背逆天意，祸害人民，吃喝浪费如流水；流连忘返，沉溺于饮酒打猎，成为诸侯的忧虑。从上顺流而下，乐而忘返叫做流，从下逆流而上，乐而忘返叫做连，打猎没有厌倦叫做荒，喝酒没有厌倦叫做亡。过去圣明的天子没有流连的享乐，没有荒亡的行为，现在就看您怎么做了。'

“齐景公非常高兴，先在都城内作好充分准备，然后搬到城外住，打开粮仓救济穷人。又召见乐官对他说：'给我创作君臣同乐的乐曲。'这乐曲就是《徵招》和《角招》。歌词说：'畜君有什么过错呢？'畜君就是喜爱国君啊。”(《梁惠王下》4)

孟子还有一次与齐宣王专门谈与民同乐的问题。

齐国臣子庄暴来看孟子，对孟子说：“齐王召见了我，告诉我他爱好音乐，我不知道如何答对他。”并问孟子：“爱好音乐怎么样呢？”

孟子回答说：“如果齐王非常喜欢音乐，那么齐国大概就有希望了。”

后来有一天，孟子拜见齐王，就问齐王说：“大王曾告诉庄暴说您爱好音乐，有这回事吗？”

齐景公殉马坑

齐王听了觉得很不好意思，连脸色都变了，他说："我不能爱好古代圣明君主的音乐，只是喜欢民间流行的音乐罢了。"

孟子鼓励齐王说："大王如果非常喜欢音乐，那么齐国大概就有希望了。现在的音乐和古代音乐都是一样的。"

齐王问："可以把这个道理讲给我听听吗？"

孟子问他："自己单独地欣赏音乐而快乐，与他人一起欣赏音乐而快乐，哪一个更快乐？"

齐王回答说："不如和众人一起欣赏快乐。"

孟子又问："同少数人一起欣赏音乐而快乐，同很多人一起欣赏音乐而快乐，哪一个更快乐呢？"

齐王又回答说："不如和很多人一起欣赏音乐而快乐。"

孟子然后展开说："请让我为大王谈谈音乐。假如现在大王在这里演奏音乐，百姓听到大王钟鼓的声音、管籥的曲调，全都头痛皱眉互相议论说：'我们的大王喜欢音乐，为什么使我们痛苦到这个极点呢？父子不能相见，兄弟妻儿不能相聚。'假设大王在此打猎，百姓听到车马奔驰的声音，看到华美的旗帜，全都头痛皱眉地互相议论说：'我们的大王喜欢打猎，为什么使我们痛苦到这个极点呢？父子不能相见，兄弟妻儿不能相聚。'这没有别的原因，是不和百姓共同欢乐啊。

"假设大王现在在这里奏乐，百姓听到大王钟鼓的声音、管籥的曲调，全都欢欣鼓舞，喜形于色地相互转告说：'我们的大王大概没有什么疾病吧，不然怎么能奏乐呢。’假设大王现在在此打猎，百姓听到大王车马奔驰的声音，看到华美的旗帜，全都欢欣鼓舞，喜形于色地互相转告说：‘我们的大王大概没有疾病吧，不然怎么能打猎呢。’这没有其他的原因，是和百姓共同欢乐啊。现在大王与民同乐，那就能称王于天下了。”（《梁惠王下》1）

这两次孟子都向齐王宣传与民同乐的道理，实行仁政，乐民之乐，忧民之忧，就能得到人民的拥护，就能称王于天下。

通过与孟子的几次谈话，齐宣王觉得孟子确实是有真才实学的学者，能够帮助自己实现称王于天下的志向，于是任命孟子为客卿。

孟子担任齐国的客卿后，就劝齐宣王选拔贤人。

有一天，孟子去见齐宣王，对齐宣王说：“所谓历史悠久的国家，并不是说有高大的树木，而是说有累世功勋的旧臣。现在大王没有亲近的臣子，过去选拔使用的人，现在都不知道到哪里去了。”

齐宣王问：“我怎样识别那些没有才干的人而不任用他呢？”

孟子回答说：“国君选用贤人，如果没有办法找到合适的人，就把地位低的人超过地位高的，关系远的超过关系近的，这样做能不谨慎吗？一个人，左右侍臣都说他贤能，还不行；大臣们都说他贤能，也不行；全国的人都说他贤能，然后去考察他，发现他真是贤能，然后再任用他。一个官员，左右侍臣都说他不可用，不要听；大臣们都说不可用，也不要听；全国的人都说不可用，然后考察他，发现他确实不可用，然后罢免他。一个人，左右侍臣都说他可杀，不要听；大臣们都说可杀，也不要听；全国的人都说可杀，然后考察他，发现他确

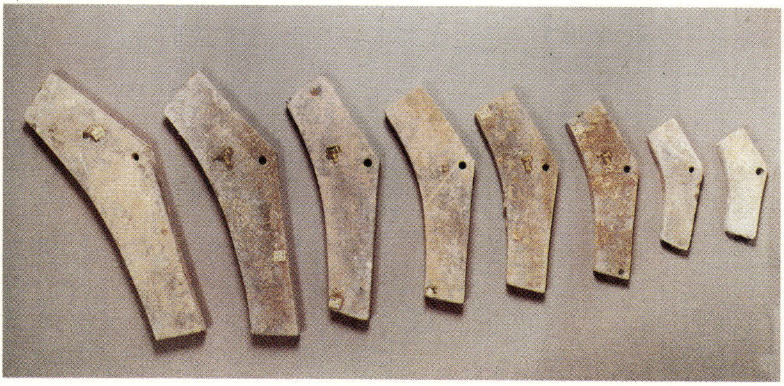

齐国故城出土的春秋时期石编磬

管仲像

管仲（？—前645），名夷吾，字仲，春秋初期的政治家。

子路像

子路（前542—前480），姓仲名由，字子路。孔子著名弟子，以政事著称。

实可杀，然后杀掉他。所以说，是全国人杀的他。这样，才可以做人民的父母。”（《梁惠王下》7）

孟子到齐国是想施展自己的才能，所以他鄙薄管仲和晏子的功业，认为统一天下易如反掌。

弟子公孙丑问孟子：“如果夫子在齐国掌权，管仲和晏婴那样的功业可以再次建立吗？”

孟子批评他说：“你确实是个齐国人，只知道管仲和晏婴罢了。有人问曾西说：‘你和子路相比，谁贤？’曾西紧张不安地回答说：‘子路是我先人敬畏的人，我哪敢与他相比。’那人接着又问：‘那么你与管仲相比谁贤？’曾西顿时就不高兴了，说：‘你为什么拿我与管仲相比？管仲得到国君的信任是那样的专一，执掌国家政务是那样的长久，而功业却是那样的微小。你为什么竟拿我与他相比？’”

停了一会，孟子才接着说：“管仲那样的人，是连曾西都不愿意做的，你认为我会愿意做吗？”

公孙丑很不理解，于是又问孟子：“管仲使他的国君称霸，晏子使他的国君扬名，管仲和晏子难道还不值得效仿吗？”

孟子说：“以齐国的条件，称王天下易如反掌啊。”

公孙丑接着再问：“如果是这样，那么弟子我就更糊涂了。凭周文王的德行，年过百岁才去世，还没有能使仁政遍行天下，武王、周公继续他的事业才使仁政推行到天下。现在您说称王好像很容易，那么文王也不值得仿效吗？”

孟子回答说：“怎么能同文王相比呢？从商汤到武丁，贤圣的国君出现了六七位，天下归服殷朝已经很久了，时间长了就很难改变了。武丁使诸侯来朝见，统治天下就好像将天下放在手掌中转动一样容易。商纣王离武丁时间不算长，勋旧世家遗留下来的良好习俗、当时流行的良好风气和施政措施还保存着，又有微子、微仲、王子比干、胶鬲这些贤臣共同辅助他，所以经过了很长时间才失掉天下。那时，没有一尺土地不是商纣王的疆土，没有一个人不是商纣王的臣民，然而文王是依靠百里见方的土地兴起，所以是很难啊。齐国人有句俗语说：'虽然有智慧，不如趁势起；虽然有锄头，不如等农时。'现在的形势要称王天下是很容易的。夏、殷、周三朝兴盛时土地没有超过千里见方的，而齐国却有这么多的土地。鸡鸣狗叫的声音可以互相听到，一直传到周边的国境，齐国已经有这么多的老百姓。土地不必再扩大，人口不必再增加，施行仁政而称王天下没有人能够阻挡的了。况且，统一天下的贤明君王的出现没有比现在间隔的时间更长的了，老百姓被暴虐统治折磨的痛苦没有比现在更厉害的了。饥饿的人不苛求食物，干渴的人不苛求饮料，孔子说：'德政的流行比驿站传递政令还要快。'当今时候，拥有万辆兵车的国家施行仁政，老百姓对此感到

曾西像

曾西，据赵岐说是曾子之孙。

武丁像

武丁，第23代商王，大约公元前1250—前1192年在位。

象牙雕夔鋬杯

商王武丁夫人妇好墓出土。

公孙丑问浩然
选自孟庙明初碑刻

高兴，就好像头朝下吊着的时候被人解救下来一样。所以事情只要做到古人的一半，成效就一定是古人的一倍，只有这个时候才能做到。”（《公孙丑上》1）

担任齐国客卿后，弟子公孙丑问孟子：“夫子如果做了齐国的卿相，有机会推行自己的主张了，即使成就霸业和统一天下也不必感到奇怪了。这样的话，您动心不动心呢？”

孟子干脆地回答说：“不，我从四十岁起就不动心了。”

公孙丑说：“如果这样，夫子就远远超过孟贲了。”

孟子说：“做到这一点不难，告子在我以前就不动心了。”

公孙丑问：“做到不动心有什么办法吗？”

孟子说：“有。北宫黝这样培养勇气：皮肤被刺不退缩，双目被刺不转睛，但他以为受到别人的一点小委屈就像在大庭广众之中被人鞭打了一样，既不能忍受平民百姓的羞辱，也不能忍受拥有万辆兵车的国君的羞辱，把刺杀拥有万辆兵车的国君看做同刺杀平民百姓一样；他毫不惧怕诸侯，听到不好的话一定进行回击。孟施舍这样培养勇气：正如他所说的，‘我把不能取胜看成能够取胜一样。如果先估量了敌人的实力再前进，考虑到能够取胜再交战，这是害怕强大的敌人啊。我哪能一定就取胜呢？只是能无所畏惧罢了’。孟施舍很像曾子，北宫黝很像子夏，这两个人的勇气不知道哪一个更强一些，但是孟施舍把握住了要领。过去曾子对子襄说：‘你喜好勇敢吗？我曾经从夫子那里听到大勇的道理：反省自己觉得理亏，即使是普通百姓我也不去恐吓他；反省自己觉得不理亏，即使是面对千军万马我也勇往直前。’孟施舍的保持勇气又不如曾子能把握要领啊。”

公孙丑又问：“我大胆请求，夫子的不动心和告子的不动心可以讲给我听一听吗？”

孟子说：“告子说：‘言论上不通，不要到心里去寻找道理，心里不安，不要去求助于意气。’心里不安，不要去求助于意气，这是可以的。言论上不通，不要到心里去寻找道理，这是不可以的。那心志是气的统帅，气是充满于体内的。那心志到了，气也就表现出来，所以说‘要把握住心志，不要妄动意气’。”

公孙丑接着问：“您既然说‘心志到了，气也就表现出来’，又说‘要把握住心志，不要妄动意气’，这是为什么呢？”

孟子解释说：“心志专一，气就随之转移，气专一也能触动心志。譬如跌倒和快走，这是意气专注造成的，它又能反过来触动意志。”

公孙丑似乎明白了，于是问另一个问题：“请问夫子擅长哪个方面？”

孟子说：“我善于识别别人的语言，我也善于培养我的浩然之气。”

公孙丑接着问：“请问什么叫浩然之气？”

孟子解释说：“这很难说明白啊！它作为气，最盛大，最刚强，用正直去培养而不去伤害它，就会充满于天地之间。

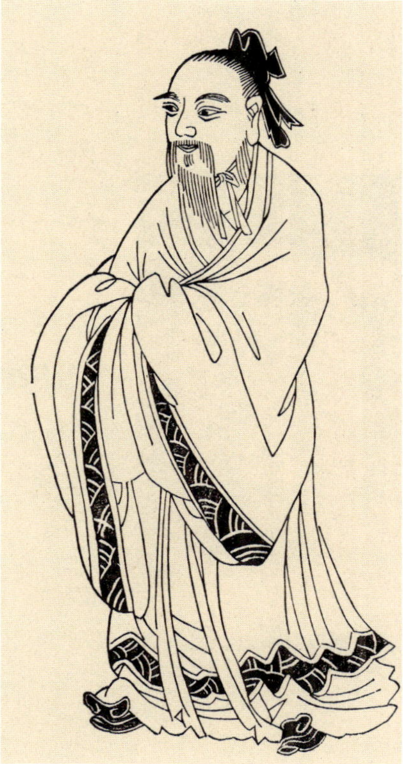

曾子像

曾子（前505—？），孔子晚年弟子。

养气门

养气门匾

知言门匾

它作为气，必须配合义和道，没有义和道它就会空虚了。它是不断积累了义而产生的，不是偶然的道义行动所取得的。如果行为有愧于心，它也就空虚了。所以我说告子不曾懂得义，因为他把义看做是外在的东西。义是内在的，一定要培养它，但不能有功利的目的，要念念不忘，但也不能妄自帮助它成长。不要像宋国人那样：宋国有一个人担心自己的禾苗不长就去拔高它，昏昏然地回到家里，对家里人说‘今天我累坏了，我帮助禾苗长高了’。他的儿子赶忙到地里去看，禾苗已经枯死了。天下不帮助禾苗生长的人很少啊。认为培养浩然之气没有益处而放弃它的人就像是不给禾苗锄草的人，妄自帮助它成长就像拔高禾苗的人，不但没有益处，反而伤害了它。”

公孙丑又问：“什么叫识别别人的言论？”

孟子解释说：“偏颇的言论我知道它片面的地方，过激的言论我知道它错误的地方，不合道义的言论我知道它偏离正道的地方，支吾搪塞的言论我知道它理屈词穷的地方。这些言论从心里产生出来，会危害他的政治，在政治上表现出来就会危害事业。如果有圣人再次出现，一定会赞成我的观点。”

公孙丑问：“宰予和子贡擅长交往辞令，冉牛、闵子和颜渊擅长阐述德行，孔子具有这两种特长，却还说‘我对于交往辞令就不擅长了’，夫子说自己善于识别别人言论，那么夫子已经是圣人了吧？”

孟子赶忙否定说：“唉！这是什么话！从前子贡问孔子‘夫子成为圣人了吗？’孔子说：‘圣人，我做不到，我不过自己学习从不厌倦、教育他人从不疲倦罢了。’子贡接着说：‘学习从不厌倦，这就是智慧啊，教育从不疲倦，这就是仁德啊。既有仁德又有智慧，夫子已经成为圣人了。’那圣人，孔子都不愿自居，你却说我是圣人，这是什么话啊？”

公孙丑接着问：“以前我私下听说过，子游、子夏、子张都有圣人的一部分长处，冉牛、闵子、颜渊都具有圣人孔子的所有长处，但没有孔子的博大精深。我大胆地请问，您处于哪种情况呢？”

孟子不愿继续讨论这个问题，就说：“暂且不谈这个问题吧。”

公孙丑于是换了另一个话题，问：“伯夷、伊尹怎么样？”

孟子回答说：“人处世的原则不同。不是理想的君主就不去奉事，不是理想的百姓就不去使用，天下安定就出来做官，天下动乱就辞官隐居，这是伯夷的处世原则；什么样的君主都可以奉事，什么样的百姓都可以使用，天下安定去做官，天下动乱也做官，这是伊尹的处世原则；应该做官就做官，应该辞官就辞官，应该久任就久任，应该辞官马上就走，这就是孔子的处世原则。他们都是古代的圣人，我还不

知言门

圣门四科图

孔子的弟子分作德行、言语、政事、文学四科。

能做到他们那样，至于我的愿望，就是向孔子学习。”

公孙丑接着又问：“伯夷、伊尹与孔子是一样的吗？”

孟子说：“不！自从有人类以来还没有人能比得上孔子。”

公孙丑接着再问：“那么他们有相同的地方吗？”

孔子像

孔子（前551—前479），名丘，字仲尼，春秋时期著名的思想家、教育家，儒家学派的创始人。

孟子说：“有。如果有一块百里见方的土地让他们做君主，他们都能使诸侯来朝拜而拥有天下，如果让他们干一件不义的事情，杀害一个无罪的人而得到天下，他们都不会去做，这是他们相同的地方。”

公孙丑最后问：“我大胆地请问他们不同的地方。”

孟子说：“宰我、子贡、有若的聪明才智足以了解圣人孔子，即使他们夸大其词也不至于阿谀吹捧敬爱的人。宰我说：‘据我对夫子的观察，夫子比尧、舜强多了。’子贡说：‘看到一国的礼制就能了解一国的政治，听到一国的音乐就能了解一国的道德教化，即使从一百代以后来评价百代以来的君王，也没有能违背这个道理的。自从有人类以来没有人比得上孔子。’有若说：‘岂止是人类有这样的不同！麒麟对于走兽，凤凰对于飞鸟，泰山对于山岭，河海对于水沟，他们都是同类。圣人对于百姓，也是同类。但远远高出了同类，超过了同群，自从有人类以来没有人比孔子更伟大的了。”（《公孙丑上》2）

宰我像

宰我（前522—？），字子我。孔子著名弟子，以言语著称。

子贡像

子贡（前520—？），即端木赐，孔子著名弟子，以言语著称。

齐国对孟子师徒看来是很优待的，弟子彭更甚至认为是太过分了，彭更同孟子的谈话应该就是在这个时期。

彭更问孟子：“您后面跟着几十辆车子，几百位随从，从这个国家吃到那个国家，不也太过分了吗？”

孟子回答说：“不合理的，就是一小筐食物也不能接受人家的；合理的，就是舜接受尧的天下也不能认为是过分的。你认为我们是过分吗？”

彭更回答说：“不过分，士没有工作白吃人家的饭是不可以的。”

孟子接着说：“如果你不互相交换劳动成果，用多余的补充不足的，那么农民就有多余的粮食，织女就有多余的布；如果你能互通有无，那么各种工匠都能在你这里凭工作吃上饭。假设这里有个人，在家孝顺父母，在外尊敬兄长，恪守古代圣王的道义礼法，教育培养后代学者，而他在你这里却吃不上饭，你为什么看重各种工匠而轻视仁义之士呢？”

彭更回答说：“各种工匠的动机就是通过工作找饭吃，君子修行

齐国铜鼎

古时贵族烹饪的器具。

学问的动机也是为了找饭吃吗？”

孟子觉得不好直接回答彭更的问题，就说：“你为什么只讨论他们的动机呢？他们对你有功绩，可以给饭吃，你才给他饭吃。而且，你是根据他的动机给他饭吃呢，还是根据他的成绩给他饭吃呢？”

彭更回答说：“根据他的动机给他饭吃。”

孟子接着问：“假如有个人在这里毁坏了屋瓦，弄脏了墙壁，他的动机是求口饭吃，那么你给他吗？”

彭更说：“不给。”

孟子说：“既然如此，你不是根据动机给饭吃，而是根据所做的事给饭吃。”（《滕文公下》4）

彭更认为，孟子师徒并不从事物质生产，却在各个国家受到礼遇，这太过分了，孟子对他的这种不正确的认识进行了教育。孟子师徒游说各国，其实与各种工匠只是社会分工的不同。各种工匠生产的是物质产品，孟子师徒生产的是精神产品，也是依靠自己的劳动自食其力的人。

公元前316年，滕文公去世，可能齐宣王知道孟子过去曾经辅助滕文公推行过仁政，所以便派孟子作为齐国的使者前去吊唁，并派盖邑大夫王驩作为孟子的副使。

孟子与王驩朝夕相见，但是在往返滕国的路上，两人从来没有谈论过出使的事情。弟子公孙丑感到很奇怪，就问孟子：“齐国国卿的职位不算小了，齐国与滕国之间的路不算近了，往返途中从不与他谈论出使的事情，为什么呢？”

孟子说：“那个人既然独自包办了，我还说什么呢？”（《公孙丑下》6）

从这件事情看，孟子在齐国并不是很有地位，盖邑的大夫王驩作为孟子的副手出使滕国就敢独断专行，完全不把孟子放在眼里。王驩很可能是齐王宠信的人物，孟子性格傲岸，也瞧不起这种人。

齐国大夫公行子的儿子死了，官至右师的王驩去吊唁。他一进门，就有人走过来同他说话，刚一坐下，就有人走到他的座位边来同他说话。孟子却不和他说话，王驩很不高兴地说：“各位大夫都来同我说话，唯独孟子不和我说话，这是故意怠慢我。”

孟子听说了，就说：“礼仪规定，在朝廷上不能越过位次相互交谈，不能越过台阶互相作揖。我想按照礼仪去做，王驩却认为我怠慢他，不也很奇怪吗？”（《离娄下》27）

看来孟子与王驩的矛盾已经很深了。

公元前315年，齐国发生了一件大事，就是出兵攻占燕国。

燕国国王哙将国家让给他的大臣子之，燕国大乱，百姓又怕又恨，将军市被和太子平合谋计划除掉子之。齐国储子认为这是打败燕国的好时机，齐宣王于是派使者策动太子平起兵夺回权力。太子平于是联合将军市被结党聚众，攻打王宫，市被攻打王宫不下，反身攻打太子平，市被战死，燕国动乱了好几个月，死了几万人。齐宣王见机会到了，就派章子率兵进攻燕国，燕国兵卒不仅不抵抗，反而大开城门迎接齐兵，燕王哙被杀，子之逃亡，齐国顺利地攻占了燕国。

对于齐国攻打燕国，据《史记·燕召公世家》记载，孟子是积极支持的，孟子向齐宣王建议说：“现在讨伐燕国，正与文王、武王起兵之时相同，机不可失。”但从《孟子》记载看，孟子本来是持反对意见的，他曾经同沈同私下讨论过这个问题。

沈同问孟子：“燕国可以讨伐吗？”

孟子回答说：“可以。燕王哙不应该把燕国交给别人，子之不应该从燕王哙那里接受燕国。比如有个人在这里，你很喜欢他，不禀告大王就私自把你的俸禄和爵位让给他，那个人也没有大王的命令私自接受你的俸禄和爵位，这样行吗？燕王哙将燕国交与子之和这有什么不同呢？”

齐国最后攻打了燕国。有人就问孟子：“听说您曾劝说齐国攻打燕国，有这件事吗？”

孟子回答说：“没有的。沈同问我‘燕国可以讨伐吗’，我随口答

应说‘可以’，他认为我的意见对就去攻打燕国。他如果问‘谁可以讨伐它？’那我就回答他说‘奉了上天使命的人才可以讨伐它’。就像现在这里有个杀了人的人，有人问他‘这个人该杀吗？’我就回答说‘该杀’，他如果问‘谁可以杀他？’那我就回答说‘做狱官的人可以杀他’。现在一个和燕国一样无道的国家去讨伐燕国，我为什么去鼓励它呢？”（《公孙丑下》8）

燕国是周天子分封的国家，“溥天之下，莫非王土，率土之滨，莫非王臣”，只有周天子才有权力变更土地的主人，燕王哙是没有资格将燕国让给他人的，当然子之也没有资格接受燕王哙的私下授受。齐国也是这样的，齐国本来是周朝开国功臣姜尚的封地，公元前379年，被田氏所取代。田氏原出陈国，始祖陈完是陈厉公的儿子，因陈国内乱逃亡到齐国，后嗣田齐用大斗放粮、小斗收粮的方式收买人心，最后废掉齐康公取而代之，所以孟子说齐国伐燕是“以燕伐燕”，都是无道的国家。

齐宣王问孟子：“有人劝我不要吞并燕国，有人劝我吞并燕国。我以万辆兵车的大国攻打同样是有万辆兵车的大国，五十天就攻占了它，单凭人力是做不到的。如果不吞并它，一定会有上天降下的灾祸。吞并它，怎么样？”

孟子回答说：“吞并它，如果燕国的人民高兴，那就吞并它，古代有人这样做过，周武王就是这样。吞并它，燕国人民不高兴，那就不要吞并，古代有人这样做过，周文王就是这样。以拥有万辆兵车的国家攻打另一个拥有万辆兵车的国家，老百姓用筐子装上饭、用壶装着酒来迎接大王的军队，难道有其他的要求吗？只是想脱离水深火热的环境罢了。齐国吞并以后，如果水更深、火更热，老百姓就会盼望别人来解救了。”（《梁惠王下》10）

齐国吞并燕国，引起各诸侯的不满，商议救助燕国，公元前312年，魏国就联合秦国攻打齐国。齐宣王问孟子：“很多诸侯谋划讨伐我，怎么对付他们呢？”

孟子回答说：“我听说，凭借着七十里见方的国土来统一天下的人是商汤啊，没听说过有千里见方的国家还怕别人的。《尚书》上说：‘商汤的征伐，是从葛国开始的。’天下的人都相信他，他向东征伐，西边的人便埋怨，向南征伐，北边的人便埋怨，说‘为什么把我们放在后面？’老百姓盼望他就像天气大旱盼望乌云和彩虹一样。商汤征伐时，做买卖的照常来往，种庄稼的照常下地，诛杀那里的暴君，抚慰那里的人民，就像及时雨从天而降，百姓都非常高兴。《尚书》说：‘等待我们的国君，国君来了我们就得到新生。’现在燕国虐待它的人民，大王去征伐它，老百姓认为将把他们从水深火热之中拯救出来，所以用筐盛着饭、用壶提着酒迎接大王的军队。如果杀死他们的父兄，掳掠他们的子弟，毁坏他们的宗庙，搬走他们国家的宝物，这样办怎么能行呢？天下各国本来就害怕齐国的强大，现在土地扩大一倍又不实行仁政，这是挑动天下出兵来攻打啊。大王赶快发布命令，送回燕国的老人儿童，停止搬运燕国的宝物，与燕国人商量，选立国君，然后撤离燕国，那么还能来得及阻止各国出兵。”（《梁惠王下》11）

不久，孟子的母亲去世了，孟子从齐国回到鲁国安葬母亲。孟子对母亲非常尊重，丧事办得很隆重，弟子充虞帮助孟子处理丧事，在返回齐国的途中就问孟子为什么这样办。

返鲁葬母图
选自《孔孟图歌》

充虞说：“前些日子，您不知道我没有能力，让我监管制作棺材。当时事情急迫，我不敢请教。现在我想私下请教，棺材似乎太好了吧。”

孟子解释说：“上古时棺椁尺寸没有一定的规定，中古时才规定内棺厚七寸，外椁与内棺的厚度相称。从天子到平民百姓都注重棺椁的质量，不只是为了棺椁的好看，而是认为这

孟子父母墓
在今凫村东孟母林内

样才能尽了自己的孝心。由于等级制度的规定，有的人不能用好棺椁而不能称心；有的人能用好棺椁，但没有钱做也不能称心；有资格又有钱，古代的人都用好棺椁，我为什么偏偏不这样呢？而且，用厚棺椁是为了使死者的皮肤避免与泥土接触，对于孝子之心难道不是一件可以感到慰藉的事？我听说过这样的话：君子不会因吝惜天下的财物而在父母身上节省的。”（《公孙丑下》7）

臧仓阻驾图
选自《孔孟图歌》

办理父母的丧事，孟子认为要尽自己的孝心，虽然从孟子的解释看，他是按照礼制安葬了母亲，但他还是遭到了别人的非议。

孟子办完丧事后，鲁平公要去看望他。临出行时，他所宠幸的近臣臧仓请示说：“平日里国君外出就一定告诉有关官员您要去的地方。现在车马已经准备好了，有关官员还不知道您要去的地方，所以我大胆地请示您。”

鲁平公说：“准备去看孟子。”

臧仓说：“这是为什么呢？国君降低自己的身份去看望一个普通人，是认为他是一个贤人吗？礼义是贤人们做出来的，但是孟子办理母亲的丧事超过了先前为父亲办理的丧事。您不要去见他。”

鲁平公说：“好吧。”

乐正子入朝觐见，问鲁平公：“国君为什么不去见孟轲了呢？”

鲁平公回答说：“有人对我说‘孟子办理母亲的丧事超过了父亲的丧事’，所以我不去见他了。”

乐正子问鲁平公：“您说的超过指的是什么呢？孟子办理父亲的丧事时自己的身份是士，用士礼；办理母亲的丧事时身份是大夫，用大夫之礼。是因为孟子办理父亲的丧事用三个鼎而母亲丧事用五个鼎吗？”

鲁平公说：“不是的，我指的是棺椁衣物的华美。”

乐正子说：“这不能说是超过，这是因为前后贫富不同啊。”

乐正子没有说服鲁平公，回来对孟子说：“我告诉过国君，国君打算来看您的，宠臣中有个叫臧仓的阻止国君，所以国君最终没有来。”

孟子说：“要做成一件事，有某种力量支持它；做不成，也有种力量在阻止它；做成还是做不成都不是人的力量所决定的。我不能被鲁国国君任用，这是天意啊！姓臧的小子怎能使我不被鲁君任用呢？”（《梁惠王下》16）

回国葬母守丧期间，孟子还参与了鲁国的政治。

鲁国打算让慎子为将军，孟子听说后认为这是不可以的。他说：“不先训练百姓就让他们去打仗，这就叫做坑害百姓，坑害百姓的人在尧舜的时代是不让他们存身于世上的。即使鲁国一仗就战胜了齐国，收回了南阳，这样也是不可以的。”

慎子听后马上很不高兴地说：“我慎滑厘不知道你在说什么。”

孟子解释说：“我明白地告诉你吧。天子的土地纵横一千里，因为不足一千里就不能接待诸侯。诸侯的土地纵横一百里，因为不足一百里就不能奉行历代的礼法制度。当初周公分封在鲁国，是百里见方的

周武王像

周武王（？—前1043），姓姬，名发，推翻商朝，建立周朝。是儒家理想的国君。

土地，土地并不是不够，但实际上少于一百里；姜太公分封在齐国，也是百里见方，土地并不是不够，但实际上也是少于一百里。现在，鲁国有百里见方的土地五块，你认为如果有圣王出现，那么鲁国的土地是在削减之列呢，还是在增加之列呢？白白地从那个国家拿来土地给这个国家，这样的事情仁人尚且不去做，何况用杀人去求取土地呢？君子服事国君，必须引导他的国君走正道，有志于仁德。”（《告子下》8）

孟子是反对战争的，所以他劝告慎子不要发动战争祸害百姓，应该用仁德辅佐国君。

守丧期满，孟子又回到齐国。他很想施展自己的才能，实现自己的理想，但是齐宣王并无意采用孟子的主张，两人开始产生矛盾。

有一天，齐宣王问孟子说：“商汤流放了夏桀，周武王讨伐了商纣王，有这样的事吗？”

孟子回答说：“史书上有这样的记载。”

齐宣王接着问：“臣子杀死他的国君，可以吗？”

孟子解释说：“败坏仁的人叫做贼，败坏义的人叫做残，残、贼这样的人叫做独夫。我听说诛杀了独夫纣，没有听说臣子诛杀国君啊。”（《梁惠王下》8）

从这次谈话看，孟子与齐宣王有各自不同的观点，虽然没有发生冲突，但隔阂已经产生了。孟子认为败坏仁义道德的人就是贼、残，国君败坏仁义就是独夫，而独夫是可以诛杀的。

有一天，孟子去见齐宣王，对他说：“建造大房子，就一定要工师去找大木料。工师找到大木料，大王就高兴，认为他是称职的。工匠砍削木料砍小了，大王就会发怒，认为他是不称职的。一个人从小学习先王之道，长大后就想施行它，大王对他说：‘暂且放弃你所学的，按我的指令去做’，这又怎么行呢？现在有一块尚未加工的璞玉在这里，虽然价值万金，一定要叫玉匠雕琢加工它。至于治理国家，就说‘暂且放弃你所学的，按我的指令去做’，那么，这与叫玉匠按照您的指示雕琢玉石有什么不同呢？”（《梁惠王下》9）

孟子虽然担任了齐国的客卿，力劝齐宣王实行仁政，但是齐宣王不仅不想按孟子所说的去做，反而要求孟子放弃自己的仁政主张，顺从他称霸天下的欲望。孟子通过这个例子说明，国君治理国家要任贤使能，使贤能的人各尽其能，不能要求贤人放弃自己的才学按照国君不一定正确的办法去做。从这次谈话看，孟子与齐宣王在治理国家的主张上已经产生了矛盾。

有一次，孟子向齐宣王说：“假如大王有个臣子，把妻子儿女托付给自己的朋友后到楚国去游历，等到他回来时，妻子儿女都受冻挨饿，对这样的朋友怎么办？”

齐宣王干脆地说：“抛弃他。”

孟子接着问：“主管司法的官员管不好他的下级，那该怎么办？”

齐宣王又干脆地说：“免了他。”

孟子接着再问：“一个国家治理不好，那该怎么办？”

齐宣王没法回答了，转过头去看左右的人，把话题转到别的事情上去了。（《梁惠王下》6）

孟子批评齐宣王不尽心治理国家，两设诱问，引人入彀，逼得齐宣王理屈词穷，只好“顾左右而言他”。孟子虽然善于劝谏，但让齐宣王这样困窘，恐怕孟子的好日子也不会太长了。

孟子刚到齐国时，齐宣王还能接受他的建议，齐国棠邑发生了灾荒，就按照孟子的建议开仓赈济。但到这时，孟子与齐宣王已经产生了矛盾，齐宣王懒于治国，孟子也懒得再提建议了。齐国有个地方又发生了灾荒，弟子陈臻就对孟子说：“国人都认为夫子将要再次建议打开棠地的仓廪

周公像

周公，姓姬名旦，辅助武王灭商，辅助成王平定天下，制定周朝的礼乐制度。是儒家理想的政治家。

来赈济灾民，您大概不会再这样做了吧。”

孟子说：“如果再次建议开仓赈济就像是冯妇了。晋国人有个叫冯妇的，善于打虎，后来不再打虎，成了善士，士子们也都仿效他。有一天，田野里有许多人在追赶老虎，老虎背靠山角，没有人敢靠近它。众人远远看见了冯妇，就跑过去迎接他。冯妇挽起袖子下了车就要去打老虎，众人都喜欢他，但是那些士子们却讥笑他。”（《尽心下》23）

齐国军队肆意蹂躏燕人，引起燕人的强烈反抗，赵武灵王护送燕国公子职回国为燕国国王，魏国也出兵攻打齐国，公元前312年，齐国军队被迫撤出燕国。继任的燕昭王发愤图强，终于在公元前284年联合秦、韩、赵、魏、楚等国共同讨伐齐国，燕将乐毅率兵一鼓作气，攻下齐国七十余城，占领了除即墨和莒以外的所有齐国土地，并杀死了齐王。虽然齐国人在田单的率领下赶走了燕国军队，收复了失地，但齐国从此一蹶不振，后来被秦国灭掉了。

齐宣王没有听从孟子的建议，在燕国遭到大败，齐宣王深感不安，说：“我面对孟子感到很惭愧。”

陈贾劝解说：“大王不用忧虑。大王自以为与周公相比，谁更具有仁德和智谋呢？”

周公辅成王　东汉画像石

武王死后，年幼的成王即位，周公辅佐成王治理国家。

齐宣王说："哎！这是什么话！"

陈贾继续劝解说："周公派管叔监督殷人，管叔却带领殷人反叛。周公如果知道他会反叛还派他去，这是不仁，不知道他会反叛派他去，这是不智。仁和智，周公还未能完全具备，何况大王您呢？请大王允许我去见孟子向他解释。"

陈贾见到孟子，就问道："周公是个什么样的人呢？"

孟子回答说："古代的圣人啊。"

陈贾接着问："周公派管叔监督殷人，管叔却带领殷人反叛，有这件事吗？"

孟子回答说："有的。"

陈贾接着又问："周公是知道管叔会反叛而派他去的吗？"

孟子回答说："周公是不知道的。"

陈贾接着再问："既然这样，那么圣人也会有过错吗？"

孟子明白了陈贾的来意，就对他进行批评。孟子说："周公是弟弟，管叔是哥哥，谁能料到哥哥会反叛呢？周公的过错不是也合乎情理吗？而且古代的君子，他的过错就像日食、月食一样，人民都会看得到，等到他改正，人民都会仰望他。现在的君子难道只是顺从国君的过错吗？他还要为国君的过错进行辩解呢。"（《公孙丑下》9）

齐宣王对没有采纳孟子的建议以致在燕国遭到失败而感到惭愧，说明他是有羞耻之心的，还不能说是一个很差的国君，但是陈贾非但不帮助国君分析总结经验教训，还想方设法为国君开脱，难怪孟子会这样毫不客气地批评他。

齐宣王始终没有接受孟子仁政的主张，孟子的劝谏也使得齐宣王对他日渐冷淡，甚至到了不愿相见的地步。

孟子将要去朝见齐宣王，齐宣王派人来说："我本应该来看您，但我感冒了，不能受风。如果您来，我就上朝，不知您是否能够让我见到您。"

孟子回答说："我不幸生了病，不能去上朝。"

第二天，孟子出门到东郭氏家去吊丧。公孙丑劝他说："昨天您推说有病谢绝齐王的召见，今天却出门去吊丧，大概不可以吧？"

孟子说："昨天有病，今天好了，为什么不能去吊丧呢？"

齐宣王派人来询问孟子的病情，医生也来了。孟仲子一看不好，一面应付来人说：“昨天有大王召见的命令，他不巧有点小毛病，不能到朝廷去，今天病好了点，赶快去上朝了，我不知道现在到了没有。”随即派出几个人到路上去拦截孟子，告诉他说：“请您一定不要回家，赶快到朝廷去。”

孟子没有办法，不得已就到景丑氏家去歇宿。

景子说：“在家有父子，在外有君臣，这是人世间最大的伦理关系。父子之间以慈爱为主，君臣之间以恭敬为主，但我看到的是大王敬重您，却没有见您敬重大王啊。”

孟子说：“哎，这是什么话！齐国人没有一个拿仁义的道理与大王谈论的，难道他们认为仁义不好吗？只是他们在心里说‘这个大王哪里值得同他去谈论仁义’，那么，对大王的不尊敬没有比这更大的了。我不是尧、舜之道不敢在大王面前陈述，所以齐国人没有像我这样敬重大王的啊。”

景子不认同孟子的说法，他说：“不，我说的不是这个。《礼》上说：父亲召唤，儿子不能用‘诺’答应，而要恭敬地说‘唯’；国君召见，臣子应该不等车马驾好就动身。您本来准备去朝见，听了大王召见的命令反而不去了，这似乎与礼书的规定不大符合吧。”

孟子当然不能认同景子的说法，他进一步解释说：“难道您说的是这个吗？曾子说过：‘晋国、楚国的财富没法比得上，不过他用他的财富，我用我的仁，他用他的爵位，我用我的义，我为什么觉得比他少呢？’难道这话没有道理而曾子随便说说吗？这大概是一个道理吧。天下公认为尊贵的东西有三种：爵位高，年龄长，德行高。在朝廷里没有比爵位更尊贵的，在乡里没有比年龄更尊贵的，辅助国君管理百姓没有比德行更尊贵的。他怎么能因为爵位高就轻视我年龄长和德行高呢？所以大有作为的国君一定有他不能召唤的臣子，要有事商议，就亲自去请教。如果他不像这样尊崇道德和喜好道义，那就不值得和他共事。因此，商汤对于伊尹，是先向他学习，然后才将他当做臣子，所以不费力气就统一了天下；齐桓公对于管仲也是先向他学习，然后才将他当做臣子，所以不费力气就称霸于天下。现在天下的大国土地相等，德行相似，谁也超不过谁，没有别的原因，就是国君喜欢以听话的人为臣子，不喜欢以能够教育他的人为臣子。商汤对于伊尹，桓公对于管仲，就不敢随意召见。管仲尚且还不能召见，何况像我这样不愿做管仲的人呢？”（《公孙丑》下 2）

伊尹像

伊尹，商初大臣，辅佐商汤灭夏。

孟子对齐宣王依恃自己的富贵权势而轻视自己已经忍无可忍了，他觉得齐国君昏臣佞，在齐国已经无法施展自己的政治抱负、实现自己的政治理想，开始有了去意。

有一天，齐宣王问有关卿的问题。孟子问：“大王问的是哪一种卿呢？”

齐宣王感到很奇怪，卿都是国家的重臣，还有差别吗？于是就问孟子：“卿难道还有不同吗？”

孟子回答说：“有不同。有与国君同宗的贵戚之卿，有非王族的外姓之卿。”

齐宣王就问：“请问贵戚之卿应该怎样做？”

孟子说：“作为贵戚之卿，国君有了重大错误就要进行劝谏，反复劝谏国君仍然不听的话就应该另立国君。”

齐宣王听了孟子这句话勃然变色。

孟子接着说：“大王不要感到奇怪。大王问我，我不敢不直言回答。”

齐宣王脸色慢慢恢复了正常，然后就问外姓之卿应该怎样做。

孟子回答说：“作为外姓的卿，国君有了重大错误也要进行劝谏，但反复劝谏国君仍然不听的话就应该离职而去。”（《万章下》9）

孟子见齐宣王对自己的建议毫不重视，完全没有接受劝谏的意思，而且日渐冷淡，他彻底地失望了，于是决定辞官而去。在离开齐国以前，他还想再做最后的努力，他不是等待齐宣王发问再借机劝谏，而是主

动进行劝谏。

有一天，他对齐宣王说："君主看待臣子如同自己的手足，那么臣子看待君主就如同自己的腹心；君主看待臣子如同犬马，那么臣子看待君主就如同一般的百姓；君主看待臣子如同泥土草芥，那么臣子看待君主就如同仇敌。"

孟子的观点是非常激烈的，齐宣王是绝对不会采纳的，也许他嗅出了孟子的意图，所以他不与孟子正面争辩，而是采取迂回的方式去问另一个问题。

齐宣王说："礼制规定，离职了的臣子仍然要为过去奉事过的君主服孝，君主怎样做臣子才可以为君主服孝呢？"

孟子发现齐宣王不想与自己正面冲突，也不愿接受自己的劝谏，但他不愿放弃劝谏的机会，于是按照自己原来的打算说下去："臣子在职时，他的劝谏君主能够听从，他的建议君主能够采纳，使君主的恩泽遍及百姓；臣子因故离职而去，君主就派人将他引领出国境，并且事先派人到他要去的地方做好安排；臣子离职三年还不返回，才收回他的土地房屋；这就叫做三有礼。如果这样，臣子就会为他服孝了。现在做臣子的，他的劝谏君主不听从，他的建议君主不采纳，恩泽因此也到不了百姓身上；臣子因故离职而去，君主还要捉拿他，想方设法让他在要去的地方穷困万分；离开的当天，就收回他的土地房屋；这就叫做仇敌。既然成了仇敌，还服什么孝呢？"（《离娄下》3）

从这次谈话情况看，孟子是去意已决。

齐宣王听说孟子要辞官回乡，亲自到孟子家去。他对孟子说："过去想见到您都没办法见到，后来能在一个朝廷里共事，我很高兴。现在您又抛弃我回国，不知道今后还能见到您吗？"

孟子一听齐宣王根本没有挽留的意思，就说："我不敢要求同大王再相见，这本来就是我的愿望。"

过了一段时间，齐宣王对大臣时子说："我想在都城中给孟子一所房子，以万钟粮食供养他的弟子，让大夫和百姓们都有效法的榜样。你何不替我去谈谈这事呢？"

时子想通过陈子把齐宣王的打算告诉孟子，陈子就把时子的话告诉了孟子。

孟子说："是啊，时子哪里知道这事是不可能的呢？如果我想富有，辞掉十万钟俸禄而去接受这一万钟，这是想富有吗？季孙说：'真奇怪啊，子叔疑这个人。想让自己做官，没有被任用，那也就算了，又叫他的子弟去做卿。人谁不想富贵，偏偏有人在富贵中想独自垄断。'古时候做买卖，都是用自己有的东西交换自己没有的东西，有关部门管理它罢了。有个地位低贱的人一定要找块高地登上去，左张右望，企图把集市贸易的好处一网打尽。人人都认为他卑鄙，于是就向他征税，对商人征税就是从这个下贱的汉子开始的。"（《公孙丑下》10）

齐宣王一开始并没有挽留孟子的意思，回去过了一段时间才决定挽留孟子，但是他并不是要采用孟子的政治主张，而是用俸禄引诱的方式使孟子师徒留下来作为自己尊贤养能的招牌，孟子是主张"富贵不能淫"的大丈夫，怎么会接受齐宣王的俸禄呢？他借批评下贱的汉子企图垄断市场的可耻行径，表明了自己不会为富贵利禄所引诱而改变自己的主张。

听说孟子要离开齐国，齐国著名的辩士淳于髡就去劝阻孟子。他说："重视名誉功业的人是为了天下的人，轻视名誉功业的人是为了自己。夫子位在齐国重臣三卿之中，上辅君主下济百姓的名誉和功业尚未建立就打算离开齐国，仁人本来就是这样的吗？"

孟子一听就明白了淳于髡的用意，就回答他说："古人中，处在低下的地位、不以贤人的身份奉事不贤的君主的是伯夷；五次到商汤那里做事、五次到商纣王那里做事的是伊尹；不厌恶昏庸的君主、不拒绝低小的官职的是柳下惠；三人做事的原则不相同，但方向是一致的。一致的是什么呢？就是仁。君子有仁就行了，为什么一定要都相同呢？"

淳于髡接着说："鲁缪公的时候，公仪子主持国政，子柳、子思也在朝为臣，鲁国疆土却一天比一天减少。贤人无益于国家就像这样吗？"

孟子回答说："虞国不重用百里奚就亡国，秦穆公重用百里奚就称霸。由此可见，不用贤人就会亡国，到那时就是想减少点土地而不使国家灭亡能行吗？"

淳于髡没有回答孟子的反问，接着说："过去，善于唱歌的王豹住在淇水边，河西的人都善于唱歌；善于唱歌的绵驹住在高唐，齐国西边的人也都善于唱歌；华周、杞梁之妻痛哭她们的丈夫而改变了国家的风俗。内心的东西一定会表现在外面，做了事情却没有功效的我从来没有见过，所以现在没有贤人，如果有，我一定知道他。”

孟子不愿与他争论下去，就以孔子为例说：“孔子担任鲁国的司寇，不被重用。跟随鲁君去祭祀，祭肉却没有按照礼制规定送家来，孔子很生气，来不及脱下祭祀所戴的礼帽就辞官而去。不理解孔子的人以为他是为了那么一点肉，了解孔子的人知道孔子是因为鲁国的失礼。至于孔子就是想担一点小罪名离开鲁国，不想让人认为自己随随便便地辞官而去。君子的所作所为，一般人本来就是不理解的。”（《告子下》6）

孟子借孔子因膰辞官讽刺淳于髡是不理解君子的小人，淳于髡好像并没有生气，他又去劝阻孟子。这次他接受了教训，不再单刀直入，而是采用迂回战术。

淳于髡问孟子：“男女之间不能亲手递接东西，这是礼的规定吗？”

孟子回答说：“是礼的规定。”

淳于髡接着问：“如果嫂子掉到水里了，能用手拉她吗？”

孟子回答说：“嫂子掉到水里而不去拉她，这简直就是豺狼了。男女之间不亲手递接东西，这是礼的规定，嫂子掉到水里而用手去拉她，这是对礼的变通。”

因膰去鲁图
选自《孔子圣迹图》

淳于髡见机会到了，马上转入正题，“现在天下的人都掉到水里了，夫子您不去救他们，这是为什么呢？”

孟子回答说：“天下的人都掉到水里了，要用治理天下的道理去救他们，嫂子掉到水里只要用手就能救她，您想用手去救天下的人吗？”（《离娄上》17）

淳于髡虽然将孟子引入自己设计的圈套之中，但是孟子并没有被他说服。他认为，君子是应该拯救世人，但是在不采用自己王道主张的齐国已经是不可能的，自己不能违背道义去顺从昏庸的齐宣王，而应该坚守自己的节操辞官而去。

孟子离开齐国的态度虽然如此坚决，但他对齐国还是有些恋恋不舍的。离开齐国都城，晚上住在郊外的昼邑。一位想为齐王挽留孟子的人恭恭敬敬地坐着与孟子谈话，孟子不理他，趴在靠几上打盹。这位客人很不高兴地说：“弟子斋戒了一天然后才敢同您谈话，夫子趴着睡觉不听我说话，以后再也不敢见您了。”说完，站起来就要走。

孟子这才抬起头来说：“坐下！我明白地告诉你，过去，鲁缪公是怎样对待贤人的呢？如果没有人在子思身边侍候，他就觉得不能让子思安心留下来。泄柳、申详觉得没有贤人在鲁缪公的身边自己就不能安身。你替我这个长者考虑，连鲁缪公怎样对待子思都想不到，不去劝说齐王改变态度，却用一些空话留我，是你拒绝了我这个长者呢，还是我这个长者拒绝了你呢？”（《公孙丑下》11）

孟子离开齐国，也有人有不同的看法。齐国的尹士对别人说：“不知道齐王不能成为商汤和周武王那样的君主，那就是不明智；知道他不可能成为商汤和周武王那样的君主，然而还是来到齐国，那就是来求富贵。不远千里来见齐王，得不到赏识就离去，居住了三夜才离开昼邑，为什么这样迟迟停留呢？我对此很不高兴。”

高子把尹士的话告诉了孟子。孟子说：“尹士哪能了解我啊？不远千里来见齐王，这是我的愿望。得不到赏识就离去，这难道是我的愿望吗？我是不得已啊。我住了三夜才离开昼邑，在我心里觉得还是太快了，心想齐王大概还能改变态度。齐王如果改变态度，那就一定会接我回去。等我离开昼邑，齐王没有派人追赶我，然后我才有了坚定

周武王像

的回国的念头。我虽然这样做，难道是抛弃齐王吗？齐王还是完全可以实行善政的。齐王如果重用我，那岂止是齐国百姓得到安宁，天下的百姓都能得到安宁。齐王大概还会改变态度，我天天都盼望着，我难道像那种心胸狭小的人，劝谏他的国君而不被接受，就怒气冲冲，不满的情绪也表现在脸上，离开时就拼尽一天的力气急急忙忙赶路然后才歇宿吗？”

尹士听说了孟子的话，惭愧地说：“我真是个小人啊。”（《公孙丑下》12）

孟子离开齐国，充虞在路上问孟子：“老师好像有些不高兴的样子。以前我听老师说‘君子不埋怨天，不责怪人’。”

孟子说：“那是一个时候，现在是一个时候。每五百年必定会有圣王出现，在这中间一定会有闻名于世的贤人。自西周以来，已经七百多年了，从年数算已经超过了，用时势来考察，那就应该出现圣君贤人了。这是上天还不想天下太平啊。如果想使天下太平，在现在这个世界上，除了我还有谁能担此重任呢？我为什么不高兴呢？”（《公孙丑下》13）

孟子本来就不是打算留在齐国的，在离开齐国的途中，有一天住宿在休地，公孙丑就问孟子：“做官却不受俸禄，这是古代的规矩吗？”

孟子回答说：“不是的。在崇地，我见到齐王，回来后就有离开齐国的想法，我不想改变离开的想法，所以不接受他的俸禄。不久齐国有了战争，不便请求离开。长久地留在齐国，不是我的志向。”（《公孙丑下》14）

孟子初到齐国，见到齐王，大概觉得齐王不是个值得辅佐的人，所以不想留在齐国，后来由于齐国有了战事，不便开口请辞，只好暂时在齐国逗留。

孟子离开齐国的原因，除了齐王没有采纳孟子的政见外，可能齐国杀死无罪的人也促成了孟子的离去。

王子垫问孟子：“士子应该做什么事呢？”

孟子告诉他：“使自己的志向高尚。”

王子垫接着问：“什么叫做使自己志向高尚呢？”

孟子回答说：“遵行仁义罢了。杀害一个无罪的人就是不仁，不该自己占有的东西却取来就是不义。人该住的地方在哪里呢？仁便是。人该行走的路在哪里呢？义便是。居住在仁上，行走在义上，君子该做的事都齐备了。”（《尽心上》33）

看来孟子的这个话是有所指的。

孟子还说过一段话：“无罪而杀死士子，那么大夫就可以离开了；无罪而杀死百姓，那么士子就可以离开了。”由此可见，齐国很可能是杀死了无罪的士子，孟子为了表示自己的抗议，就辞职而去。（《离娄下》4）

孟子回国的途中，在石丘遇到了宋牼，孟子问他：“先生要到哪里去？”宋牼说：“我听说秦国和楚国在打仗，想去见楚王劝说他停战。如果楚王听了不高兴，我就去见秦王劝说他停战。两位国王之中，我总会遇到一个能说通的吧。”

孟子认为宋牼不可能成功，就问宋牼：“我不想问得很详细，只想了解您的大意，您将如何去劝说呢？”

宋牼回答说：“我打算向他们指出打仗的不利之处。”

孟子说：“先生的志向是很好的，但先生的说法却不行。先生用利去劝说秦国和楚国的国王，秦王和楚王喜欢利而让军队休战，这就使三军将士喜欢利而乐于罢兵休战啊。做臣子的带着求利的念头奉事君主，做儿子的带着求利的念头侍奉父亲，做弟弟的带着求利的念头侍奉兄长，这样会使君臣、父子、兄弟之间最终舍去仁义。带着求利的念头互相对待，这样做而不灭亡的国家从来就没有啊。先生用仁义劝说秦国和楚国的国王，秦王和楚王喜欢仁义而让军队休战，这就使三军将士喜欢仁义而乐于罢兵休战啊。做臣子的带着仁义之心奉事君主，做儿子的带着仁义之心侍奉父亲，做弟弟的带着仁义之心侍奉兄长，

这样会使君臣、父子、兄弟之间最终舍去利，带着仁义之心互相对待，这样做而不能统一天下的国家从来就没有啊。您为什么一定要用利去劝说呢？”（《告子下》4）

终　邹

大约在公元前312年，也就是61岁的时候，孟子从齐国辞去客卿之职，回到故乡邹国。孟子是一位很有抱负的政治家，但是经过将近二十年的奔波，周游了齐、宋、滕、魏等几个国家，一直没有找到实行自己政治理想的机会。正如《史记》所说，“当是之时，秦用商君，富国强兵；楚、魏用吴起，战胜弱敌；齐威王、宣王用孙子、田忌之徒，而诸侯东面朝齐。天下方务于合从连衡，以攻伐为贤，而孟轲乃述唐、虞三代之德，是以所如者不合。退而与万章之徒序《诗》《书》，述仲尼之意，作《孟子》七篇”。战国中期，是中国历史上最为混乱的时期之一，秦国重用商鞅进行变法，国富兵强，大败魏国；魏国以吴起镇守西河，力拒秦韩；楚国重用吴起，南平百越，北并陈蔡，西伐强秦，北敌三晋；齐国重用孙膑、田忌等将领，围魏救赵，大破魏军。在这样一个崇尚武力、合纵连衡的时代，孟子却去大讲王道仁政，怎么能有市场呢？所以孟子处处碰壁，晚年只好回归故国。

关于孟子晚年的情况，文献记载很少，从《孟子》中也很难分辨出他晚年的活动。《孟子》中鲁国重用乐正子的记载大概是孟子晚年归邹后的事情。

鲁国打算让乐正子治理国家，孟子听说后非常高兴，他说：“我听说了这件事，高兴得睡不着觉。”

弟子公孙丑不理解孟子为什么这样高兴，就问孟子：“乐正子意志坚强吗？”

孟子说：“不。”

公孙丑又问：“乐正子聪明多谋吗？”

孟子回答说：“不。”

万章墓

公孙丑接着再问："乐正子见多识广吗？"

孟子还是说："不。"

公孙丑更加不理解了，就问："那您为什么高兴得睡不着觉呢？"

孟子说："他的为人是喜欢听取好的建议。"

公孙丑又问："喜欢听取好建议就足够了吗？"

孟子回答说："喜欢听取好的建议，治理天下都绰绰有余，何况鲁国呢？一个人如果喜欢听取好建议，那么四海之内的人都将不远千里来告诉他好建议。如果他不喜欢好建议，那么人们将模仿他的腔调说'呵呵，早就知道了'，呵呵的腔调与脸色早就把人拒之于千里之外了。士子止步于千里之外，那么喜进谗言和阿谀谄媚的人就会到了。与喜进谗言和阿谀谄媚的人混在一起，想治理好国家，那可能吗？"（《告子下》13）

意志坚强、聪明多谋、见多识广当然是为官重要的条件，但是孟子认为最重要的是要善于听取别人的好建议，博采众长，集思广益，这样才能治理好国家。

从61岁离开齐国返归故乡，到孟子去世大约经过了二十多年，学者一般都认为这段时间孟子一直待在故乡。司马迁说孟子"退而与万章之徒序《诗》《书》，述仲尼之意，作《孟子》七篇"，但是孟子并

退作七篇图
选自《孔孟图歌》

没有关于《诗》《书》的著述传世，传世的只有短短的《孟子》一书，七篇，三万四千六百八十五个字，主要是孟子的谈话记录。

关于《孟子》的作者，历史上有三种说法。

第一种说法是由孟子和弟子们共同完成的。最早提出这种说法的是西汉司马迁，《史记·孟子荀卿列传》说：孟子“退而与万章之徒序《诗》《书》，述仲尼之意，作《孟子》七篇”。

第二种说法是孟子自己所撰写。最早提出这种说法的是东汉赵岐，《孟子题辞》说：“此书孟子之所作也，故总谓之《孟子》”，孟子“于是退而论集所与高第弟子公孙丑、万章之徒难疑答问，又自撰其法度之言，著书七篇”。赵岐的观点得到后世不少学者的支持。宋代朱熹就说：“熟读七篇，观其笔势如熔铸而成，非缀辑所就也”，“《论语》多门弟子所集，故言语时有长长短短不类处。《孟子》疑自著之书，故首尾文字一体，无些子瑕疵，不是自下手，安得如此好？”元代金履祥引王文宪说：“孟子与齐宣王问答首章，开阖变化，精神超越，而元气不动，非门人所能传，此是传不得处。”清代阎若璩说：“《论语》成于门人之手，故记圣人容貌甚悉。七篇成于己手，故但记言语或出处耳。”分别从文章风格、气质、内容等不同方面进行佐证。阎若璩还对诸侯王都用谥号进行了解释：“卒后书为门人所叙定，故诸侯王皆加谥焉。”

第三种说法是孟子死后弟子公孙丑、万章等将孟子生前言论缀辑编成的。最早提出这个说法的是唐代韩愈，“孟轲之书，非孟轲自著。

轲既殁，其徒万章、公孙丑相与记轲所言焉耳”。这种说法也得到后世许多学者的支持，宋代晁公武说：“此书韩愈以为弟子所会集，今考其书则知愈言非妄发也。书载孟子所见诸侯皆称谥，如齐宣王、梁惠王、梁襄王、滕定公、滕文公、鲁平公是也。夫死然后有谥，轲著书，所见诸侯不应皆前死。”清代崔述说：“谓《孟子》一书为公孙丑、万章所纂述者近是，谓孟子与之同撰，或孟子所自撰，则非也……于孟子门人多以子称之，如乐正子、公都子、屋庐子、徐子、陈子皆然，不称子者无几。”

在这三种说法中，以第一种说法最为可信。朱熹认为文章的语言风格首尾一体，浑如熔铸，绝对不是众人回忆辑录所能达到的，所以孟子一定亲自进行了撰写。第三种说法以齐宣王、梁惠王、梁襄王、滕定公、滕文公、鲁平公的谥号为据否定孟子所作，其实理由并不充分，除滕文公外，其他几位分别卒于公元前 302 年、前 319 年、前 296 年、前 324 年、前 296 年，都卒于孟子之前。滕文公于公元前 324 年即位，到孟子去世大约三十多年，也很有可能去世在孟子之前。当然，即使他去世在孟子之后也没有关系，《孟子》一书是孟子生前亲自撰写，死后弟子们进行了整理，甚至有些地方是被弟子的弟子们改动过，如崔述提到的弟子们称“子”的问题，弟子们在整理时不可能在老师的著作中把自己称做“子”的。

孟子自齐国回归故乡到去世大约二十多年，这么长的时间内孟子不可能只是撰写《孟子》一书，所以孟子晚年应该主要进行教学活动，

孟子墓

孟子林
现在占地一千多亩。

《孟子》中许多没有记事的谈话应该就是孟子晚年教学的记录。

大约在周赧王二十六年（公元前289年），孟子去世。去世的时间，署名元代程复心的《孟子年谱》说：孟子“以冬至日终，邹邑人悲泣，遂废贺正，迄兹成俗”。孟子在冬至日去世，人们为了纪念孟子，废除了庆贺冬至节的仪式，一直到元代仍然坚持这个传统。

孟子死后，埋葬在邹城东北的四基山下，子孙接墓而葬，为了与孟母林区别，后世称做孟子林。北宋景祐四年（1037年），孔子四十五代孙孔道辅出任兖州太守，寻找到孟子墓，在墓前建造庙宇奉祀，第二年请著名学者孙复撰写《新建孟子庙记》刻碑立于墓前，石碑至今仍存。

第二章

孟子的思想

道阐尼山匾

清乾隆皇帝书，位于孟子庙亚圣殿上。

孟子石刻像

孟子曾经多次声明向孔子学习，“乃所愿，则学孔子也”（《公孙丑上》2），“予未得为孔子徒也，予私淑诸人也”（《离娄下》22），所以他以孔子为榜样，以捍卫孔子思想和治国平天下为己任，力辟杨墨，在与墨家、法家、农家、道家等学派的论争、辩难中继承并发展了孔子的思想，使其在战国时期成为显学，形成了著名的思孟学派。孟子也成为中国历史上著名的思想家、政治家、教育家，被后世尊为亚圣，位居孔子之后，成为儒家学派的代表人物之一。

孟子的思想内容非常广泛，包括哲学、政治学、经济学、伦理学、教育学、文艺学等诸多方面，在后世影响最大的是他的哲学、政治学、教育学和文艺学思想。

孟子的政治思想

孟子政治思想的内容非常广泛，主要包括法先王、仁义治国、以民为本、保民而王、天下统一、反对非正义战争、尊贤使能、实行教化等政治主张。

法先王

孟子认为他的王道思想和仁政观念，都是古代圣王之道，所以他游说诸侯，“言必称尧舜”，“我非尧舜之道不敢以陈于王前”。在具体的治国方略上，孟子也主张法先王。他说：“尧、舜之道，不以仁政不能平治天下。今有仁心仁闻，而民不被其泽，不可法于后世者，不行先王之道也。故曰：徒善不足以为政，徒法不能以自行。《诗》曰‘不愆不忘，率由旧章。’遵先王之法而过者，未之有也。”（《离娄上》1）即使采用尧、舜的治国方法，如果不实行仁政，也不能治理好天下。现在有的君主即使有仁爱的心肠和仁爱的名声，但是老百姓得不到他的恩泽，他治国的方法也不会被后世所仿效，就是因为他没有采用过去圣王的方法。所以说，只有善心不足以治理国家，只有好的法度也不能治理好国家，治理好国家必须要善心和好法度相结合。正如《诗经》所说：“不要犯错，不要遗忘，一切依循旧规章。”依循前代圣王的法度而犯错误是从来没有过的事情。所以在具体的治国方略上，孟子都是在法先王的名义下提出的，包括仁义治国、保民而王、尊贤使能、轻徭薄赋等。

仁义治国

黄帝像

黄帝，姓姬，号轩辕氏，部落联盟首领。相传他发明了文字、养蚕、医学、舟车、音律、算数等。被奉为儒家道统第一人。

孟子政治思想的核心是要实行王道，所谓王道就是实行仁政，用仁义治理国家。

梁惠王初见孟子，就问孟子：“叟不远千里而来，亦将有以利吾国乎？”您不远千里而来，也将有利于我的国家吗？孟子回答说：“王何必曰利？亦有仁义而已矣。王曰‘何以利吾国’，大夫曰‘何以利吾家’，士庶人曰‘何以利吾身’，上下交征利而国家危矣。万乘之国，弑其君者必千乘之家；千乘之国，弑其君者必百乘之家。万取千焉，千取百焉，不为不多矣。苟为后义而先利，不夺不餍。未有仁而遗其亲者也，未有义而后其君者也。王亦曰仁义而已矣，何必曰利！”（《梁惠王上》1）治理国家只要用仁义就足够了，为什么要讲利呢？如果国家上下互相争夺利益，那么国家就危险了。在有万辆兵车的国家中，杀掉国君的一定是拥有一千辆兵车的诸侯；在有一千辆兵车的诸侯国中，杀掉诸侯的一定是拥有一百辆兵车的大夫。按道理说，在一万辆兵车的国家中拥有一千辆兵车，在一千辆兵车的国家中拥有一百辆兵车，都不能算是不多的，但是如果重利轻义，他们不夺取国君的地位是不会满足的。只有用仁义治理国家才能消除这种犯上作乱的行为，因为天下讲仁的人没有会遗弃自己的父母的，行义的人没有会不顾自己的君主的，所以治理国家要用仁义。

仁义治国，首先要讲仁爱。仁爱之心对国家是非常重要的，夏、商、周三代得天下是因为仁爱，失去天下是因为不仁爱，国家的兴废存亡完全取决于能否仁爱，“三代之得天下也以仁，其失天下也以不仁，国之所以废兴存亡者亦然”。如果没有仁爱之心，天子不能保住天下，诸侯不能保住国家，卿大夫不能保住地位，老百姓连生命都不能保住，“天子不仁，不保四海；诸侯不仁，不保社稷；卿大夫不仁，不

爱人人爱图
王新安绘

保宗庙；士庶人不仁，不保四体”（《离娄上》3）。人一定要立志于行仁，如果不如此，就会终身忧愁屈辱，以至于死亡，“苟不志于仁，终身忧辱，以陷于死亡”（《离娄上》9）。

孟子主张推行仁政，反对苛政，反对滥杀无辜，反对惩罚连累妻子儿女。孟子认为，苛政杀人与用刀杀人没有什么不同。“庖有肥肉，厩有肥马，野有饿莩，此率兽而食人也。兽相食，且人恶之，为民父母，行政，不免于率兽而食人，恶在其为民父母也？”（《梁惠王上》4）国君厨房里有肥肉，马棚里有肥马，而人民面带饥色，田野里有饿死的尸体，这就如同率领野兽来吃人。作为人民的父母，实行苛政，就像带领野兽吃人一样，怎能算是人民的父母呢？孟子反对君主滥杀，认为如果不嗜好杀人就能得到人民的支持。“今夫天下之人牧，未有不嗜杀人者也。如有不嗜杀人者，则天下之民皆引领而望之矣。诚如是也，民归之，由水之就下，沛然谁能御之？”（《梁惠王上》6）现在天下的君主没有不嗜好杀人的，如果有不嗜好杀人的，那天下的百姓就会伸长了脖子盼望他，老百姓归顺他就像水向低处奔流，浩浩荡荡，有谁能够阻挡呢？孟子还反对惩罚犯人连累其妻子儿女，主张“罪不及孥”。

用仁义治国，君主要发挥表率作用。“君仁，莫不仁；君义，莫不义；君正，莫不正。一正君而天下定矣”（《离娄上》20），国君仁义，天下人没有不仁义的，国君正直，天下人没有不正直的，国君正直，国家就安定了。

仁义治国的基础就是统治者要有同情心，也就是孟子所说的恻隐之心和不忍人之心。

孟子认为：“仁，人心也”，“恻隐之心，仁也”，“恻隐之心，仁之端也”，恻隐之心也就是同情心，就是仁的开端。恻隐之心也叫不忍人之心，孟子认为：“人皆有不忍人之心。先王有不忍人之心，斯有不忍人之政矣。以不忍人之心行不忍人之政，治天下可运之掌上。”（《公孙丑上》6）人人都有怜悯他人的心，将怜悯他人的心推行到治理国家上就是仁政，而实行仁政就可以很容易地治理好国家，甚至统一天下。孟子认为，战国时代，“民之憔悴于虐政，未有甚于此时者也，饥者易为食，渴者易为饮。孔子曰：‘德之流行，速于置邮而传命’，当今之时，万乘之国行仁政，民之悦之，犹解倒悬也”（《公孙丑上》1）。人民被暴虐的统治折磨得憔悴不堪，没有比战国时代更严重的了。饥饿的人不挑剔食物，干渴的人不挑剔饮水，在这个时候推行仁政比驿站传递政令还要快，人民喜欢它，就像是倒挂着被解救下来一样。“行仁政而王，莫之能御也”，实行仁政就能统一天下，这是任何人也不能阻挡的。

以民为本

早在殷商时期人们就已经朦胧地认识到“民惟邦本，本固邦宁”，人民是国家的根本，人民安定国家才能安宁。在《论语》中，民本思想有了进一步的发展，那就是要让人民富足，人民富足了国家才能富足。鲁哀公问有若：“年成不好，国家用度不够，怎么办？”有若回答说：“为什么不实行十分之一的税率呢？”鲁哀公感到很奇怪，就问：“十分之二的税率我还不够用，怎么能用十分之一的税率呢？”有若说：“老百姓的用度够了，国君的用度怎么能不够呢？老百姓的用度不够，国君的用度怎么能够呢？”（《论语·颜渊》）

孟子对传统的民本思想进行了发展。他认为：“诸侯之宝三：土地、人民、政事。宝珠玉者，殃必及身。”（《尽心下》28）人民和土地、正确治理国家的方法是国家的宝物，如果国君把珠玉当做宝物，灾祸就一定会降临到他的身上。在此基础上，孟子对民本思想进行了大发展，提出了“民为贵”的观点。他说：“民为贵，社稷次之，君为轻。是故得乎丘民而为天子，得乎天子为诸侯，得乎诸侯为大夫。诸侯危社稷，则变置。牺牲既成，粢盛既洁，祭祀以时，然而旱干水溢，则变置社稷。”（《尽心下》14）孟子认为，人民是最重要的，其次是社稷，再次才是君主。得到人民的拥护就能成为天子，得到天子的信任就能成为诸侯，得到诸侯的信任就能成为大夫。国君危害了社稷就改立国君。牺牲已经准备好了，祭品已经洁净，按时进行祭祀，然而还是遭受旱灾水患，那就改置社稷。社是土地神，稷是五谷之神。古人认为，“人非土不立，非谷不食……故封土立社，示有土

民事不可缓

王新安绘

地；稷，五谷之长，故立稷而祭之也”（《白虎通义·社稷》）。古代建立国家，首先要建造社稷坛，灭亡一个国家，首先要变置这个国家的社稷，社稷其实就是国家的标志。孟子的思想是非常先进的，民贵君轻，人民是国家的根本，不是人民依赖国君，而是国君依赖人民。国君不为人民谋利，得不到人民的拥护，危害了国家的利益，这样的国君就应该换掉他；按时丰盛地进行祭祀，社稷之神不能保佑风调雨顺，那就要改立土地神和谷神。

正是基于以民为本的思想，孟子把残暴的君主夏桀和商纣王称之为残、贼、一夫。齐宣王认为商汤流放夏桀、周武王讨伐商纣王是“臣弑君”的行为，孟子回答说：“贼仁者谓之贼，贼义者谓之残，残贼之人谓之一夫，吾闻诛一夫纣矣，未闻弑君也。”（《梁惠王下》8）败坏仁德的人叫做贼，败坏道义的人叫做残，残贼之人被称做独夫，像夏桀和商纣王这样的人就是独夫民贼。对残暴的

商代酒爵

商纣王好酒色，荒淫无道，被后世视为暴君的代表。

君主夏桀和商纣王，孔子只是肯定推翻他们的商汤和武王，但并没有正面进行斥责，孟子则更进一步称之为独夫民贼。君权神授、君权至高无上、君权神圣不可侵犯，这些传统的观念都受到孟子的否定，一切从人民的利益出发，只要不符合人民的利益，残暴的君主就可以被推翻、更换。

保民而王

因为人民是国家的根本，所以孟子认为得民心者才能得天下，要保民而王。孟子说："桀纣之失天下也，失其民也；失其民者，失其心也。得天下有道：得其民，斯得天下矣。得其民有道：得其心，斯得民矣。得其心有道：所欲，与之聚之；所恶，勿施尔也。"（《离娄上》9）夏桀和商纣王之所以失去了天下，就因为他们失去了民心；要想得到天下，就要赢得民心；要想赢得民心，就要把人民希望得到的东西替他们聚集起来，人们厌恶的东西不要施加给他们。国君只有保护人民才能称王，"保民而王，莫之能御也"，爱抚百姓就能统一天下，这是没有任何人能够阻挡的。

如何才能保民呢？孟子主张国君要"老吾老以及人之老，幼吾幼以及人之幼"，尊敬自己的老人进而尊敬别人的老人，爱抚自己的子女进而爱抚别人的子女，如此，"天下可运于掌"，治理天下就非常容易了。"《诗》云：'刑于寡妻，至于兄弟，以御于家邦'，言举斯心加诸彼而已。故推恩足以保四海，不推恩无以保妻子。"（《梁惠王上》7）先给妻儿做榜样，后推广到兄弟，再推广到封地和国家，把恩惠由近及远推广开来，便足以安定天下，不这样做，连妻儿都保护不了。国君要使人民免受饥饿的威胁，给人民恒产，每户五亩的宅院，百亩的耕地，宅旁栽植桑树，家里养殖鸡狗猪等家畜，国家不影响农民的生产，人民就可以免受饥饿。国君要使人民养生送终而没有遗憾，"不违农时，谷不可胜食也；数罟不入洿池，鱼鳖不可胜食也；斧斤以时入山林，材木不可胜用也。谷与鱼鳖不可胜食，材木不可胜用，是使人民养生丧死无憾也。养生丧死无憾，王道之始也"。（《梁惠王上》7）国家不耽误农时，粮食就会吃不完，不用细密的渔网捕鱼，鱼鳖就会吃不完，按一定的节令砍伐山林，木材就会用不完，这样人民就不会担心养老送终的问题了。孟子的这个主张还具有可持续利用的思想，具有现代环境保护的意识。国君要“与民偕乐”，与民同乐，国君自己才能得到真正的快乐。(《梁惠王上》2) 国君要以人民的忧乐为忧乐，“乐民之乐者，民亦乐其乐；忧民之忧者，民亦忧其忧。乐以天下，忧以天下，然而不王者未之有也”（《梁惠王下》4)，只有乐人民之乐，忧人民之忧，才能得到人民的拥护，才能统一天下。

天下统一

从西周末期开始，中国进入长期的动乱，国家分裂，战乱不已。天下统一是人们的一致要求，孟子顺应时代潮流，主张天下统一。当时的各国诸侯虽然也有统一天下的愿望，但是他们采用的是霸道的方式，以力服人，依仗武力去征伐别国，妄图以武力统一天下，孟子反对霸道，主张实行仁政，以德服人，以王道统一天下。孟子认为，只有实行仁政才能统一天下，“以力假仁者霸，霸必有大国。以德行仁者王，王不待大。汤以七十里，文王以百里。以力服人者，非心服也，力不赡也；以德服人者，中心悦而诚服也”(《公孙丑上》3)。使用武力而假借仁义之名的可以称霸，但不能统一天下，而且称霸还必须是大国。利用道德推行仁政却能统一天下，而且不一定是大国，商汤依靠七十里见方的封地，周文王依靠一百里见方的封地，都统一了天下。因为以力服人并不能使人心服，只有以德服人才能真正使人心悦诚服。孟子认为齐宣王想依靠武力拓展国土，征服秦楚诸国，君临天下，安抚四夷，好比是“缘木而求鱼”，爬到树上去抓鱼。当齐宣王认为孟子的观点太偏激时，孟子说：“殆有甚焉。缘木求鱼，虽不得鱼，无后灾，以若所为，求若所欲，尽心力而为之，后必有灾。”后果比这还要严重，爬到树上去抓鱼，虽然抓不到鱼，但不会有灾祸。想依靠武力称霸天下，如果尽心尽力地去做，一定会带来灾祸。因为齐国只占有全国九分之一的土地，以一敌八，根本不可能取得胜利。孟子劝齐宣王实行仁政，“今王发政施仁，使天下仕者皆欲立于王之朝，耕者皆欲耕于王之野，商贾皆欲藏于王之市，行旅皆欲出于王之涂，天下之欲疾其君者皆欲赴诉于王。其若是，孰能御之？”（《梁惠王上》7）实行仁政就能得到人民的拥护，天下做官的人都想到齐国来做官，农民都想到齐国来耕种，商人都想到齐国来做生意，旅客都想奔走在齐国的路上，痛恨他们国君的人都到齐国来控诉，这样的话，有谁能够抵御齐国的统一呢？“邻国之民仰之若父母矣，率其子弟攻其父母，自有生民以来未有能济者也，如此则无敌于天下。”（《公孙丑上》5）实行仁政，邻国的百姓敬仰他如同父母，他们的国君带领这些百姓来攻打这个国家就像让儿女们攻打自己的父母，自从有人类以来还没有能够成功的。“仁者无敌”，实行仁政就能无敌于天下，就能统一天下。

孟子虽然坚决反对以武力称霸天下，但是并不反对以正义的战争统一天下。独夫民贼残害人民，造成国家分裂，人民苦难，就应该用战争去吊民伐罪，安民除暴，统一天下。他赞扬周文王发兵阻止侵略莒国的敌军和周武王发动战争讨伐商纣王是“一怒而安天下民”，商汤征伐葛国“诛其君而吊其民”是“若时雨降”。区分正义战争与非正义战争的标准就在于是否对人民有利，是否得到人民的拥护。“民以为将拯己于水火之中也，箪食壶浆以迎王师”，“民望之若大旱之望云霓”，老百姓认为战争将使自己从水深火热的困境中解救出来，主动欢迎对方的军队，盼望对方军队就像大旱之时盼望云雨，那么战争就是正义的；“若杀其父兄，系累其子弟，毁其宗庙，迁其重器”，如果杀

以德服人图
王新安绘

老老幼幼图
王新安绘

害、拘禁对方的人民，毁坏对方的祖庙，掠夺对方的财富，那么战争就是非正义的。孟子认为："天时不如地利，地利不如人和"，"得道者多助，失道者寡助。寡助之至，亲戚畔之；多助之至，天下顺之。以天下之所顺，攻亲戚之所畔，故君子有不战，战必胜矣。"（《公孙丑下》1）正义的战争获得人民的支持，就一定能够取得胜利，战争的胜败取决于人心的向背。

孟子认为统一天下是很容易做到的，不能统一天下，是国君"不为也"，"非不能也"。他对齐宣王举例解释说，用胳膊夹着泰山跳过北海，如果说做不到那确实是不能做到，如果说为老人折取一根树枝也做不到，那就是不愿做。如果实行仁政就像为老人折取一根树枝一样，定能统一天下。统一天下的关键在于推恩，将对自己父母子女的爱推广到全社会就可以了。他说："老吾老以及人之老，幼吾幼以及人之幼，天下可运于掌。《诗》云：'刑于寡妻，至于兄弟，以御于家邦'，言举斯心加诸彼而已。故推恩足以保四海，不推恩不足以保妻子。古之人所以大过人者，无他焉，善推其所为而已矣。"（《梁惠王上》7）

反对非正义战争

孟子虽然主张天下统一，而且不反对用武力统一天下，但是他主张以王道统一天下，反对霸道，反对非正义的战争。他说：“春秋无义战。彼善于此，则有之矣。征者，上伐下也，敌国不相征也。”（《尽心下》2）春秋时期根本就没有正义的战争，那个国君比这个国君好一些的情况是有的。征，是天子讨伐诸侯，诸侯是不能擅自进行征讨的。孔子认为“天下有道，礼乐征伐自天子出”，只有天子有权发动战争，诸侯是没有资格发动战争的。孟子以“春秋无义战”深刻揭示了春秋时期兼并战争的非正义性质，其实也揭示了孟子生活的战国时期兼并战争的非正义性质。所以孟子说：“五霸者，三王之罪人也；今之诸侯，五霸之罪人也；今之大夫，今之诸侯之罪人也。”（《告子下》7）孟子认为，天子到诸侯领地去是巡狩，春天巡狩视察耕种情况，补助种子、劳力不足的农户，秋天巡狩视察收获的情况，救助缺粮的农户，同时根据视察的情况对诸侯进行奖罚。诸侯朝见天子叫述职，一次不到就要降低他的爵位，两次不到就削减他的封地，三次不到就要派军队进行讨伐。天子只是声讨诸侯的罪行但不亲自进行征伐，诸侯奉天子的命令去讨伐但不能进行声讨。过去五霸没有天子的命令却胁迫诸侯去讨伐别的诸侯，所以说五霸是三王的罪人。五霸中的齐桓公是最强大的，葵丘盟会时还制定了责罚不孝、尊重贤人、敬老爱幼、官员不能世袭、不得垄断水利等五条盟约以共同遵守，现在的诸侯都违反了这五条盟约，所以说他们是五霸的罪人。顺从国君而助长了国君的错误罪过还算小的，故意奉迎国君的错误罪过就更大了，现在的大夫们都有奉迎国君的错误，所以说现在的大夫是诸侯的罪人。

孟子反对非正义的战争，梁惠王即位后，战争不断，东与齐、宋战，西与秦、韩战，南与楚战，北与赵战，屡败屡战，孟子就批评他是不仁的人。“梁惠王以土地之故，糜烂其民而战之，大败。将复之，恐其不能胜，故驱其所爱子弟以殉之，是之谓以其所不爱及其所爱也。”（《尽心下》1）梁惠王为了争夺土地，使人民在战场上尸骨糜烂。打了败仗以后，为了复仇，又担心不能战胜敌人，就驱使自己心爱的子弟去殉死，把对人民的祸害也加在自己心爱的子弟身上，所以孟子批评他：“不仁哉，梁惠王也！仁者以其所爱及其所不爱，不仁者以其所不爱及其所爱。”

孟子对非正义的战争深恶痛绝，他说："君不行仁政而富之，皆弃于孔子者也，况于为之强战？争地以战，杀人盈野；争城以战，杀人盈城；此所谓率土地而食人肉，罪不容于死。故善战者服上刑，连诸侯者次之，辟草莱、任土地者次之。"（《离娄上》14）君主不实行仁政，反而帮助他聚敛财富的人都是孔子所唾弃的，何况为他卖命打仗的人呢？为争夺土地而杀人遍野，为争夺城池而杀人满城，这就叫带领着土地来吃人肉，连死都不能赎回他们的罪过。所以善于打仗的人该受最重的刑罚，唆使诸侯打仗的人该受次一等的刑罚，强迫人民开荒种地的人该受再次一等的刑罚。由此可见孟子对发动战争、争夺土地的人是何等的深恶痛绝，"争地以战，杀人盈野；争城以战，杀人盈城"成为后世反对非正义战争的名言，而"善战者服上刑"也成为人们对发动非正义战争者的控诉。

尊贤使能

孟子非常重视人才的作用，他主张治理国家要尊贤使能。国家要"贵德而尊士，贤者在位，能者在职"，尊崇道德，使贤人为官，能人从政。因为"尊贤使能，俊杰在位，则天下之士皆悦，而愿立于其朝矣"（《公孙丑上》5），一个国家尊重贤人，重用能人，杰出人才都能担任国家的职务，就能吸引天下杰出的士人来到这个国家，国家就会兴盛起来。要想吸引天下的贤人，国君必须礼贤下士，"故将大有为之君，必有所不召之臣，欲有谋焉，则就之。其尊德乐道，不如是不足与有为也。故汤之于伊尹，学焉而后臣之，故不劳而王；桓公之于管仲，学焉而后臣之，故不劳而霸。今天下地丑德齐，莫能相尚，无他，好臣其所教，而不好臣其所受教"（《公孙丑下》2）。要建立大功业的君主，一定有他不能召见的臣子，君主有事就要到他那里去商量。不能如此对待有德有道的贤人，就不能成为大有作为的君主。商汤对于伊尹，齐桓公对于管仲，都是先向他们学习然后才敢做他们的君主，所以商汤就能不费力地称王于天下，齐桓公能不费力地称霸于诸侯。孟子还指出当时社会的弊病，那就是君主不喜欢任用比自己强的人，不肯向臣子们学习。孟子"学焉而后臣之"的观点被后人称为

管仲像

“王者师”，在历史上产生了很大影响，许多创业之君和大有为之君都将品德高尚、才智超群的人士尊为老师，而有能力的士大夫们几乎无一不是带着“王者师”的梦想，教导君主以儒家的仁政主张治理国家，辅佐君主实现治国平天下的理想。

尊贤使能，君主首先要尊重臣子，君主不尊重臣子，臣子也没必要尊重君主。孟子曾对齐宣王说：“君之视臣如手足，则臣视君如腹心；君之视臣如犬马，则臣视君如国人；君之视臣如土芥，则臣视君如寇仇。”（《离娄下》3）臣子对国君的态度完全取决于国君对臣子的态度：国君把臣子当做自己的手足看待，那么臣子就把国君当做是自己的腹心；国君把臣子当做犬马看待，那么臣子就把国君当做是一般的国人；国君把臣子当做泥土草芥看待，那么臣子就把国君当做是强盗和仇敌。应该说，在事君的问题上，孟子更强调了士子的人格。关于事君，孔子主张“君使臣以礼，臣事君以忠”，国君只有按照礼仪使用臣子，臣子才能忠于国君，臣子要“事君尽礼”，“以道事君，不可则止”，按照礼仪和道义奉事国君，如果行不通就辞职不干。孟子虽然也坚持这样的事君原则，他说异姓之卿“君有过则谏，反复之而不听，则去”，国君有了过错，作为异姓的臣子就应该进行劝谏，反复劝谏后国君仍然不改，就应该主动辞职而去；但他的腹心寇仇观点是非常激进的。对于孟子的这种观点，明太祖朱元璋就接受不了。洪武五年（1372年），朱元璋读到这一段话时就说“非人臣之所宜言”，认为这不是臣子应该说的话，所以下令罢去孟子在孔子庙的配享地位。朱元璋考虑到会有大臣反对，同时下令有谏者以大不敬论罪，命金吾卫兵士以箭射死。不怕死的刑部尚书钱唐令手下抬着棺材抗疏劝谏，袒露胸膛让金吾卫兵士射击，并且说："臣得为孟轲死，死有余荣。"朱元璋见钱唐的上疏情词恳切，为之感动，命太医院治疗钱唐的箭伤。过了不久，朱元璋认为"孟子辨异端，辟邪说，发明孔子之道"，又恢复了孟子的配享，但是下令删节《孟子》，删去了八十八章，只保留一百七十二章。

朱元璋像

朱元璋（1328—1398），明朝开国皇帝。

如何识别选拔贤人呢？孟子主张："左右皆曰贤，未可也；诸大夫皆曰贤，未可也；国人皆曰贤，然后察之，见贤焉，然后用之。"（《梁惠王下》7）对于一个人，左右的侍臣都说他是贤人，还不行；大夫们都说他是贤人，也还不行；全国的人都说他是贤人，然后再考察他，发现他确实是贤人，然后再重用他。

进行教化

孟子主张对人民进行教化，他认为："善政不如善教之得民也。善政，民畏之；善教，民爱之。善政得民财，善教得民心。"（《尽心上》14）好的施政措施只能使人民敬畏，只能聚敛财富，而好的教化可以得到人民的喜爱，得到人民的支持。所以孟子主张在解决人民的温饱之后，要加强对人民的教化，"设为庠序学校以教之。庠者，养也；校者，教也；序者，射也。夏曰校，殷曰序，周曰庠，学则三代共之，皆所以明人伦也"（《滕文公上》3），"谨庠序之教，申之以孝悌之义，颁白者不负戴于道路矣"（《梁惠王上》7），"壮者以暇日修其孝悌忠信"（《梁惠王上》5）。古代学校与现代学校的最大不同就是古代学校主要进行伦理教化，孟子认为人伦教化的主要内容是"父

北京国子监

古代国家最高学府。

子有亲，君臣有义，夫妇有别，长幼有叙，朋友有信”（《滕文公上》4）。通过教化，使父子相亲爱，君臣讲道义，夫妇内外有别，长幼尊卑有序，朋友诚实守信。“人伦明于上，小民亲于下”，人民“入以事其父兄，出以事其长上”，既可以防止人民“放辟邪侈，无不为已”，胡作非为，无恶不作，又可以使人民忠心耿耿地报效国家，“制梃以挞秦楚之坚甲利兵”，拿起棍棒就能抵抗秦楚大国精锐的军队。

孟子生活的时代，正是中国封建制度兴起发展的时期，封建社会正在向大一统的国家迈进，不同的学派提出了不同的促进统一的方法。法家崇尚君主专制，主张采用严刑峻法统一天下，商鞅认为：“古之民朴以厚，今时民巧以伪。故效于古者先得而防，治于今者前刑而法……故以刑治则民威，民威则无奸，无奸则民安其所乐。以义教则民纵，民纵则乱，乱则民伤其所恶。”（《商子 · 开塞》）主张采用刑法治理人民，使人民畏惧法律，就不会产生奸邪。孟子认为人民才是国家的根本，主张进行教化，通过实行仁政缓和社会矛盾，争取人民的支持，进而促成天下统一。孟子的仁政主张在一定程度上反映了人民的愿望与要求，具有民主性的精华。但是孟子的主张在当时并没有被采用，而法家的主张被秦朝采用而统一了天下。但是严刑峻法失去了人民的支持，统一的秦王朝很快就土崩瓦解了，而孟子继承并发展的孔子的仁政思想却成为两千多年中国封建社会治理国家的指导思想。

孟子的经济思想

基于王道政治和仁义治国的理念，孟子也提出了一系列的治国经济主张，主要包括制民之产、轻徭薄赋、实行社会分工、产品等价交换、扶植发展商业、可持续利用自然资源等。

制民之产

孟子认为："民之为道也，有恒产者有恒心，无恒产者无恒心。苟无恒心，放辟邪侈，无不为已。"（《滕文公上》3）人民只有有了固定的产业才会有持久不变的行为准则，所以孟子主张制定人民的产业。制民之产的原则是使人民能够赡养父母，抚育子女，丰年能够终年温饱，灾年能够免于饿死，"是故明君制民之产，必使仰足以事父母，俯足以畜妻子，乐岁终身饱，凶年免于死亡"（《梁惠王上》7）。

孟子制民之产的理想是："五亩之宅，树之以桑，五十者可以衣帛矣。鸡豚狗彘之畜，无失其时，七十者可以食肉矣。百亩之田，勿夺其时，八口之家可以无饥矣。"（《梁惠王上》7）每户人家五亩的宅基，百亩的耕地，种桑养蚕，饲养家畜，五十岁以上的人可以穿上丝绸，七十岁以上的人可以吃上肉，八口之家可以免于饥饿。

孟子石雕像

孟子深知是贵族掠夺了农民的土地，所以主张要确定土地的界限。孟子早期在与滕文公谈话时主张恢复井田制："方里而井，井九百亩，其中为公田。八家皆私百亩，同养公田，公事毕，然后敢治私事。”具体方法就是，一里见方的土地分成九块，八家农户每家分别耕种一块，中间一块为公有田地，由八户农民共同耕种，公田的收入归国家，私田的收入归自己，农民要先完成公田的耕作然后再耕作私田。井田制是产生在原始社会末期的土地制度，家庭产生以后，将公有土地分配给家庭耕种，公田收入作为公共活动使用。但是到了奴隶社会以后，土地所有制发生了变化，原来集体公有的土地成为天子的私有财产，天子将土地连同土地上的奴隶一并赏赐给各级贵族。孟子提倡恢复井田制，有的学者认为是复辟倒退，在井田制受到新兴的封建制破坏时孟子却主张恢复它。其实井田制能够避免土地被贵族和新兴的地主兼并，使农民得以保存赖以糊口的土地，而且采用九分之一的土地税率也是很低的，春秋时期就已经采用了十分之二的税率，《论语》就记载有若向鲁哀公建议将税率改为十分之一，鲁哀公说十分之二还不能满足国家的需要[①]。孟子主张恢复井田制，使农民“死徙无出乡，乡田同井，出入相友，守望相助，疾病相扶持，则百姓亲睦”(《滕文公上》3)，出入结伴相助，共同防盗，有病互相照顾，对农民还是有利的。

不仅要制民之产，还要制定国君和各级官员的俸禄标准。孟子认为：“夫仁政必自经界始，经界不正，井地不钧，谷禄不平，是故暴君污吏必慢其经界。经界既正，分田制禄，可坐而定也。”(《滕文公上》3) 实行仁政一定先从划分确定地界开始。地界不正，井田的面积就不平均，作为官员俸禄的土地收入也不公平，所以暴君污吏一定会搞乱地界。地界确定了，制定官员的俸禄标准就可以很容易地解决了。确定地界确实是非常重要的，地界不确定，暴君污吏就可以浑水摸鱼，侵占土地。怎样制定国君和官员的俸禄呢？孟子认为，一个农夫给予土地100亩，将他们分成五等，上等的可以养活9个人，最差的可以养活5个人，以此为标准，封地百里见方的公、侯的俸禄相当于320个农夫的收入，封地七十里见方的伯的俸禄相当于240个农夫的收

---

① 《论语·颜渊》：“哀公问于有若曰：‘年饥，用不足，如之何？’有若对曰：‘盍彻乎？’曰：‘二，吾犹不足，如之何其彻乎？’对曰：‘百姓足，君孰于不足？百姓不足，君孰于足？’”

入，封地五十里见方的子、男的俸禄相当于160个农夫的收入，下士俸禄相当于1个农夫，中士相当于2个，上士相当于4个，大夫相当于8个，公、侯的卿相当于32个，伯的卿相当于24个，子、男的卿相当于16个，这样的俸禄标准应该说是很低的。

轻徭薄赋

孟子主张治理国家要减少赋税和劳役，“易其田畴，薄其税敛，民可使富也”，“市，廛而不征，法而不廛，则天下之商皆悦，而愿藏于市矣；关，讥而不征，则天下之旅皆悦，而愿出于其路矣；耕者助而不税，则天下之农皆悦，而愿耕于其野矣；廛，无夫里之布，则天下之民皆悦，而愿为之氓矣”（《公孙丑上》5）。治理好田地，减轻税收，就可以使人民富足。市场提供场地存放货物而不收税，依法收购滞销的货物而不让它长期积压，那么天下的商人都会高兴，愿意将货物存放在这里的市场上；关卡只是稽查而不征税，那么天下的旅客都会高兴，愿意经过这里的道路；农民助耕公田后不再征税，那么天下的农民都会高兴，愿意在这里的田野上耕种；人们居住的地方没有劳役和地税，那么天下的人都会高兴，愿意成为这里的百姓。孟子的这种建议没有被采纳，国家仍然征收布帛、粮食和征发劳役。孟子建议国家要减少征收：“有布缕之征，粟米之征，力役之征。君子用其一，缓其二。用其二而民有殍，用其三而父子离。”（《尽心下》27）国家的赋役有三种，一是征收布帛，二是征收粮食，三是征发人力。如果征收或征发其中的两项，百姓就会有饿死的，三项全征就会使百姓父子离散家破人亡了。

孟子虽然主张轻徭薄赋，但并不是国家征税越少越好，税率应该掌握一个合适的尺度，那就是国家的税收既不能让人民无法负担，又必须能够保证维持国家的运转。魏国的白圭对孟子说：“吾欲二十而取一，何如？”我想采用二十取一的税率怎么样？孟子对他说：“子之道，貉道也。万室之国，一人陶，则可乎？”你想采用的是貉国的办法，一个万户人家的国家，一个人做陶器可以吗？白圭回答说：“不可，器不足用也。”不可以，陶器不够用。孟子接着说：貉国不生五谷，只长黍子，没有城郭、宫殿、宗庙和祭祀礼仪，没有与诸侯国之间的礼仪往来和招待，也没有办事机构和官员，二十取一的税率是足够的。如今魏国在中原地区，不要社会伦常，不要办事官员，那怎么可以呢？制作陶器的人少了，还不能满足国家的需要，何况没有办事官员呢？“欲轻之于尧、舜之道者，大貉小貉也；欲重于尧、舜之道者，大桀小桀也。”（《告子下》10）孟子认为应该按照尧、舜十取一的税率，如果小于这个比例就是貉国的做法，如果大于这个比例就是夏桀的做法，都是不可取的。

实行社会分工

农家提倡“贤者与民并耕而食、饔飧而治”，贤明的君主与人民一起耕种养活自己，一面烧火做饭，一面治理国家。孟子不同意这种观点，通过层层发问，借许行的冠、炊具、农具都是用粮食交换来的批判其主张的荒谬，阐明了社会分工的合理性和必然性。孟子认为：“有大人之事，有小人之事，且一人之身而百工之所为备，如必自为而后用之，是率天下而路也。故曰：或劳心，或劳力。劳心者治人，劳力者治于人；治于人者食人，治人者食于人，天下之通义也。”（《滕文公上》4）社会上有官员的工作，有百姓的工作，一个人所需的用品是要靠各种工匠来制造的，自己不可能都能亲自制作。有的人从事脑力劳动，有的人从事体力劳动。劳动脑力的人治理人，劳动体力的人被人治理；被别人治理的人养活别人，治理别人的人靠别人养活，这是天下通行的道理。对于孟子的社会分工理论，过去有人批判这是鼓吹剥削合理论，其实这是值得商榷的。社会分工确实有劳力和劳心的区别，从事国家管理、从事精神产品生产的大多就是劳心者，从事农业、制造业的大多是劳力者，在孟子生活的时代是这样，在现代社会也是这样，当然在现代社会中劳心和劳力的差别将会越来越小。从事管理和精神产品生产的人，没有生产使自己赖以生存的物质产品，他们必须依靠别人生产的物质产品生存，从这点上来说，他们不就是“食于人”、被别人养活吗？从事物质产品生产的劳力者不就是“食人”吗？生产的粮食除养活自己外还要养活那些从事精神产品生产的人。随着现代社会的发展，不直接从事物质生产的人将会越来越多，社会分工将会越来越细，不论是劳心者还是劳力者，都在为社会创造着财富，都是在不同的工作岗位上为他人服务，人与人都是服务与被服务的关系，人与人之间的关系是平等的，没有工作高下之分。

产品等价交换

农家主张："布帛长短同则贾相若，麻缕丝絮轻重同则贾相若，五谷多寡同则贾相若，屦大小同则贾相若。"布和丝绸长短相同，价钱就一样，麻线和丝棉轻重相同，价钱就一样，各种粮食多少相同，价钱就一样，鞋子大小相同，价钱就一样，不管产品的质量，只以大小、长短、轻重同量交换。农家只注意产品数量的差别，而忽视质量的差别，提出等量交换这种看似公平其实并不公平的主张，还说如果这样，"市贾不贰，国中无伪。虽使五尺童子适市，莫之或欺"，市场物价相同，国中就没有欺伪。孟子批驳了这种观点，他说："夫物之不齐，物之情也，或相倍蓰，或相什百，或相千万。子比而同之，是乱天下也。巨屦小屦同贾，人岂为之哉？从许子之道，相率而为伪者也，恶能治国家？"（《滕文公上》4）物品千差万别，这是自然的，它们的价值有的相差一倍、五倍，有的相差十倍、百倍，有的相差千倍、万倍，把它们放在一起同等看待，那就会扰乱天下。大鞋子与小鞋子一样的价钱，那谁还做大的鞋子呢？如果按照农家许行的主张，人们就会一个跟一个的虚伪，哪里还能治理国家呢？

扶植发展商业

孟子认为："市，廛而不征，法而不廛，则天下之商皆悦，而愿藏于市矣；关，讥而不征，则天下之旅皆悦，而愿出于其路矣。"（《公孙丑上》5）国家在市场上提供场地供商人们存放货物而不征收租赁费，依照规定价格收购商人们的滞销商品不使商品积压在市场上，那么，天下的商人们都会很高兴把商品存放在这个国家的市场上；国家设置关卡只对货物进行检查并不征税，那么，天下的旅客都会很高兴到这个国家来。孟子认为再加上尊贤使能、对农民助而不税和不征收

孟子行像

劳役税，这五项措施就可以使“邻国之民仰之若父母”，就能统一天下。中国古代是农业社会，自古限制商业的发展，但是孟子却认识到发展商业、促进物品流通的重要性，把它们作为国家强盛的重要措施，应该说孟子是很有远见的。

可持续利用

非常难能可贵的是，孟子已经有了可持续利用的意识。他说：“数罟不入洿池，鱼鳖不可胜食也；斧斤以时入山林，材木不可胜用也”《梁惠王上》3)，不用细密的网去打鱼，鱼鳖就会吃不完，按时砍伐山林，林木就用不完，只有合理使用和保护自然资源才能取之不竭。

孟子的哲学思想

孟子的哲学思想是很丰富的，包括天命观、人性论、认识论等内容。

天命观

中国古代的天命观认为天是人间万物的本源，主宰自然和人事。在孟子的文章中有四种“天”：一种是无意识的，也就是自然的物质的天，“天油然作云，沛然下雨”。三种是有意识的：一是命运之天，“吾之不遇鲁侯，天也”，“若夫成功，天也”；一是义理之天，“仰不愧于天”；一是主宰之天，是人格化了的最高的神，主宰人间的一切祸福，“莫之而为者，天也”。古人认为冥冥之中有某种力量在支配着人类，人们就把自己不能主宰的人生中的一些机缘遇合和某些必然性称之为天命。孟子虽然继承了殷商以来的天命观，但对其进行了发展：一是主张天意在于民意，二是主张君子立命，听天命而尽人事。

孟子的弟子万章认为“至于禹而德衰，不传于贤而传于子”，孟子不同意这个观点。他认为，尧把天下传给了舜，舜把天下传给了禹，是因为尧和舜选择的继承人舜和禹都有德行，辅佐的时间长，他们的儿子都不贤明，所以人们拥护尧、舜选定的继承人而不拥护他们的儿子丹珠和商均，而禹选择的继承人益不如他的儿子启德行贤明，辅佐的时间又短，所以人们拥护禹的儿子启而不拥护益。“舜、禹、益相去久远，其子之贤不肖，皆天也，非人之所能为也。莫之为而为者，天也；莫之致而至者，命也。”(《万章上》6)舜、禹、益相距的时间有长有短，他们的儿子有贤有不贤，这都是出自天意，不是人所能决定的。没有人刻意去做却做到了，这就是天意；没有人刻意追求它，它却来了，这就是命运。德行贤明的人就可以为天子，这就是天命。

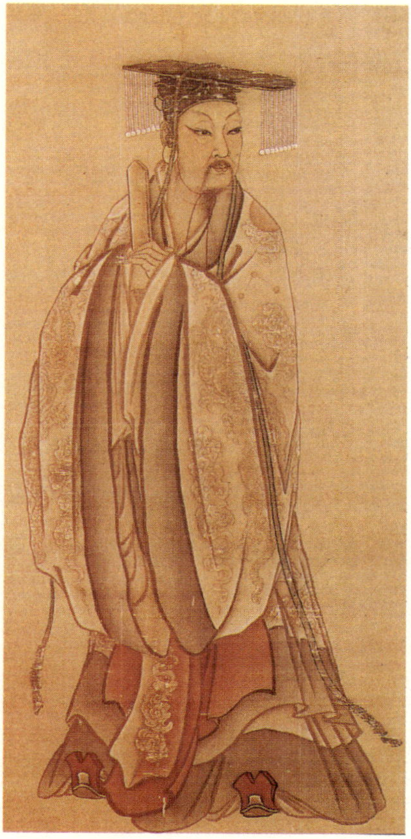
大禹像

万章认为尧把天下给了舜，孟子认为天子不能把天下送给别人，只有天才能把天下交给别人。“天子能荐人于天，不能使天与之天下……昔者，尧荐舜于天，而天受之，暴之于民，而民受之，故曰天不言，以行与事示之而已矣”，“使之主祭，而百神享之，是天受之；使之主事，而事治，百姓安之，是民受之也。天与

夏启像

之，人与之，故曰天子不能以天下与人。”天子能够把人推荐给天，但不能让天把天下交给他所推荐的人。尧把舜推荐给了天，天接受了舜，宣示给老百姓，老百姓也接受了。所以说，天不说话，只是用行动和办事来表示。尧让舜主持祭祀，百神都享用他的祭品，这表明天接受了他；让他主持政事，政事办得很好，老百姓很放心，这表明老百姓接受了他。天授予他，老百姓授予他，所以说天子是不能把天下授予别人的。最后孟子引用《泰誓》说：“天视自我民视，天听自我民听。”（《万章上》5）天看到的来自人民所看到的，天听到的来自人民所听到的。天下是天授予的，是人民授予的，被人民所接受才能被天所接受，天意来自民意，天命其实代表的就是民意。

天命是人类不可抗拒的，所以孟子认为“顺天者存，逆天者亡”。但孟子不是消极地等待天命的降临，而是主张在天命的范围里积极有为，修身立命。“尽其心者，知其性也。知其性，则知天矣。存其心，养其性，所以事天也。夭寿不贰，修身以俟之，所以立命也。”（《尽心上》1）人尽力扩展善良的本心就是懂得了人的本性，懂得了人的本性就懂得了天命。保持人的本心，培养人的本性，这就是对待天命的办法。无论寿命的长短都不改变，修养身心，等待天命的降临，这就是安身立命。孟子对待天命的办法是积极的，天命不可抗拒，就努力加强自己品性的修养，顺从天命，听天命而尽人事。

人性论

人性是指人类的共性，包括人的自然属性和人的社会属性，也就是自然性和理性。在孟子与告子的论辩中，告子所说的“食、色，性也”，就是指的人的自然性，生存与生殖的自然本性，而孟子所讲的是人的理性。“口之于味也，目之于色也，耳之于声也，鼻之于嗅也，四肢之于安逸也，性也。有命焉，君子不谓性也。”嘴喜欢美味，眼睛喜欢美色，鼻子喜欢香味，耳朵喜欢好听的声音，四肢喜欢安逸，这就是人的本性，这些能不能得到全在于命运，君子说的不是这样的人性。孟子说的是什么样的人性呢？“仁之于父子也，义之于君臣也，礼之于宾主也，知之于贤者也，圣人之于天道也，命也。有性焉，君子不谓命也。”（《尽心下》24）孟子所说的人性是父子之间的仁，君臣之间的义，宾主之间的礼，贤人的明智，圣人的天道，也就是人的道德属性。

孟子主张性本善，人性是善良的，生来就有仁、义、礼、智的理性。他举例说：“今人乍见孺子将入于井，皆有怵惕、恻隐之心，非所以内交于孺子之父母也，非所以要誉于乡党朋友也，非恶其声而然也”，孩子将要掉到井里，每个看到的人都会有恐惧同情的心理，并不是这些人想要同孩子的父母结交，不是想要在乡邻中间博取名声，也不是厌恶孩子的哭声，而是恻隐之心是人的本性。“恻隐之心，人皆有之；羞恶之心，人皆有之；恭敬之心，人皆有之；是非之心，人皆有之。恻隐之心，仁也；羞恶之心，义也；恭敬之心，礼也；是非之心，智也。仁、义、礼、智，非由外铄我也，我固有之也。”（《告子上》6）恻隐之心属于仁，羞恶之心属于义，恭敬之心属于礼，是非之心属于智，都是人人皆有的，这些不是外人给予的，而是人本来就有的。恻隐之心就是同情心，羞恶之心就是知道羞耻的心理，恭敬之心就是尊敬长上、礼貌谦让的态度，是非之心就是是非善恶观念。这四心是人的本性，没有这四心就不属于人类，“无恻隐之心，非人也；无羞恶之心，非人也；无辞让之心，非人也；无是非之心，非人也”。这四心虽然是人先天就具有的，但并不是完善的，只是原始的，处于萌芽状态，所以孟子称其为四端。“恻隐之心，仁之端也；羞恶之心，义之端也；辞让之心，礼之端也；是非之心，智之端也。人之有是四端也，犹其有四体也。”恻隐之心是仁的萌芽，羞耻之心是义的萌芽，辞让之心（也就是前说的恭敬之心）是礼的萌芽，是非之心是智的萌芽，人有这四端就像有四肢一样。“凡有四端而于我者，知皆扩而充之矣，若火之始然，泉之始达。苟能充之，足以保四海；苟不充之，不足以事父母。”（《公孙丑上》6）所有具有四端的人如果懂得扩充它，就像刚刚燃烧的火，刚刚流出的泉水，都能够扩大起来，形成仁、义、礼、智四种美德。如果能够扩充它，就能够安定天下；如果不能扩充它，连赡养父母都做不到。

人性都是善良的，为什么世上还有恶人呢？孟子认为是外部环境和外部作用改变了人的本性。孟子说：“富岁，子弟多赖；凶岁，子弟多暴。非天之降才尔殊也，其所以陷溺其心者然也。”（《告子上》7）丰收的年岁，少年子弟大多懒惰，歉收的年岁，少年子弟大多凶暴，这并不是上天赋予他们的资质不同，而是环境改变了他们的心理。外部作用也可以改变人的本性，孟子以牛山的树木为例说：“牛山之木尝美矣，以其郊于大国也，斧斤伐之，可以为美乎？是其日夜之所息，雨露之所润，非无萌蘖之生焉，牛羊又从而牧之，是以若彼濯濯也。人见其濯濯也，以为未尝有材焉，此岂山之性也哉？”牛山的树木原来是很茂盛的，由于靠近都城，老是被人砍伐，即使它日夜生长，刚刚长出的嫩芽马上就被牛羊啃掉了，只能是光秃秃的样子，人们看到树木都是光秃秃的，就认为牛山没有长过大树，这不是牛山的本性。人也是这样，“虽存乎人者，岂无仁义之心哉？其所以放其良心者，亦犹斧斤之于木也，旦旦而伐之，可以为美乎？其日夜之所息，平旦之气，其好恶与人相近也者几希。则其旦昼之所为，有梏亡之矣。梏之反复，则其夜气不足以存；夜气不足以存，则其违禽兽不远矣。人见其禽兽也，而以为未尝有才焉者，是岂人之情也哉？故苟得其养，无物不长；苟失其养，无物不消。孔子曰：‘操则存，舍则亡，出入无时，莫知其乡’，惟心之谓与？”（《告子上》8）人之所以丧失掉他的善良之心，也正像树木每天被斧子砍伐一样，白天黑夜发出的善心，到第二天一早就被消灭掉。反复地被消灭，夜里所产生的善念自然就不能存在了，人也就与禽兽相距不远了。别人看到他简直就是禽兽，便认为他不曾有过善良的资质，这其实并不是他的本性。得到滋养，没有东西不生长，失掉滋养，没有东西不消亡。正如孔子所说：抓住它，就存在，放弃它，就消亡，出出进进没有一定的时间，何去何从也无从知晓。人的优良品质的形成，必须依靠自身的修养，也必须得到外部环境的保护。

认识论

认识论是哲学的根本问题，也就是存在与思维的关系问题。孟子认为人不仅先天就具有善性的道德，而且还具有认识的本能，也就是良知良能。“人之所不学而能者，其良能也；所不虑而知者，其良知也。孩提之童无不知爱其亲者，及其长也，无不知敬其兄也。亲亲，仁也；敬长，义也。无他，达之天下也。”(《尽心上》15)人有不经过学习就会做的良能，有不经思考就懂得的良知，以儿童为例，虽然没有经过教育学习，他们都知道爱他的父母，尊敬他的兄长。爱父母，尊敬兄长，就是仁和义，这是天下普遍的道理。

孟子关于良知良能是人先天就存在的观点是不完全正确的，但是他认为良知良能是人道德信念主体的观点在历史上产生了重大影响并发挥了重大作用。宋代理学家提倡格物致知，明代王阳明提倡致良知，都是受到了孟子良知良能观点的影响。人的道德信念源自人的本心，人通过发挥自己的良知良能就可以培养提高自己的道德情操，所以绝大多数中国人不需要神灵和上帝的启迪和说教，这也许是中国宗教不发达的原因之一。

孟子的人性修养理论

孟子在中国古代思想史上最重要的贡献之一就是提出了一套比较完整的人性修养理论。孟子认为人性生来就是善良的，仁、义、礼、智是人与生俱来的良知良能，但与生俱来的仁、义、礼、智并不是完善的，只是原始的萌芽，必须进行扩充，要采取立志、思诚、内省、自反、寡欲、养气和动心忍性等一系列具体的存心养性的方法，经过尽心、知性、知天和存心、养性、事天这样一个人道与天道相统一的过程，才能修出浩然之气，养成“富贵不能淫，贫贱不能移，威武不能

孟子碑刻像
元代所刻

屈”的大丈夫品格，进而达到“人皆可以为尧舜”的圣人境界。

立志

孟子认为人的本性是善良的，天生具有仁、义、礼、智等美好的品德，但是仁、义、礼、智等美德都是处于萌芽状态，如果不加以修养，很容易因外界的诱惑、蒙蔽而丧失掉，所以孟子认为“学问之道无他，求其放心而已矣”，学习修养的目的就是求其放心，把内心容易丢失的善性寻找回来，发扬保持下去。要修养成道德高尚的人，就要树立高远的理想，要有“居天下之广居，立天下之正位，行天下之大道”的雄心壮志。所以齐国王子垫问士人应做什么时，孟子回答说“尚志”，并解释说：“仁义而已矣。杀一无罪，非仁也；非其有而取之，非义也。居恶在？仁是也；路恶在？义是也。居仁由义，大人之事备矣。”（《尽心上》33）士人要树立高尚的志向，以仁为心，以义行事。

树立起高远的志向，就要经得起艰难困苦的磨炼。“天将降大任于是人也，必先苦其心志，劳其筋骨，饿其体肤，空乏其身，行拂乱其所为，所以动心忍性，曾益其所不能”（《告子下》15），上天要把重大的使命交给你，就一定先磨炼你的心志，劳累你的筋骨，饥饿你的身体，困乏你的体力，扰乱你的一举一动，以振动你的心性，坚韧你的性格，增加你所缺少的才能。艰难困苦的环境就是上天在故意磨炼自己，所以遇到苦难不要气馁，要在苦难中努力奋斗，充实自己，提高自己，使自己意志更坚定，能力更增强，只有这样才能做出一番事业。因此，孟子认为：“生于忧患而死于安乐”，“人恒过，然后能改；

困于心，衡于虑，而后作；征于色，发于声，而后喻。入则无法家拂士，出则无敌国外患者，国恒亡。然后知生于忧患而死于安乐也”。（《告子下》15）人常犯错误，才能改正并有进步；心意受困，思虑阻塞，才能发愤创造；表现在脸上，吐发在言语中，才能让人明白。一个国家，国内没有辅佐的大臣，国外没有抗衡的敌国外患，这样的国家常常会灭亡。忧患能够使人生存，安乐常常使人灭亡，人要在忧患中成长。孟子的这些励志名言在后世发挥了重大作用，激励着中国人不畏艰难险阻，积极进取，修身养性，建功立业。

孟子的志向是远大的，他说：“五百年必有王者兴，其间必有名世者。由周而来，七百余岁矣。以其数，则过之矣；以其时考之，则可矣。夫天未欲平治天下也，如欲平治天下，当今之世，舍我其谁也？”（《公孙丑下》13）每隔五百年就会有圣王出现，这中间还会有闻名于世的贤人，现在如果要使天下太平，除了我还有谁呢？孟子自视是很高的，但是孟子也深知自己的志向不一定能够实现，所以他主张应该有两种准备，“得志，泽加于民；不得志，修身见于世。穷则独善其身，达则兼善天下”（《尽心上》9），如果得志，能够实现自己的政治理想，就

承圣门匾

承圣门

要施恩惠于百姓，不能够实现自己的政治理想，就要修养自己的品德闻名于世。不得志要独自保持自己的善性，得志要使天下人都保持善性。

思诚

“诚”在战国时期以前只是一个副词，表示真、确实等，并没有哲学和伦理学方面的意义，《中庸》将之升华为天人一体之道和人生修养的最高境界。“诚者，天之道也；诚之者，人之道也。诚者不勉而中，不思而得，从容中道，圣人也。诚之者，择善而固执者也。”（《中庸》2《问政章》）真诚是自然的法则，做到真诚是做人的法则。自然的真诚，不用勉强就能做到，不用思索就能达到，圣人能够自然而然地符合准则，达到天人合一的境界。人们要做到真诚，就要选择善道并坚持不渝。“诚者，物之终始，不诚无物”（《中庸》25《自诚章》），“唯天下至诚，为能尽其性。能尽其性，则能尽人之性。能尽人之性，则能尽物之性。能尽物之性，则可以赞天地之化育。可以赞天地之化育，则可以与天地参也”（《中庸》22《尽性章》）。真诚贯穿事物的终始，没有真诚就没有万事万物。只有天下最真诚的人才能完全发挥个人的本性，才能完全发挥众人的本性，才能完全发挥万物的本性，才能帮助天地养育万物，才能与天地并列。所以“唯天下至诚，为能经纶天地之大经，立天下之大本，知天地之化育”（《中庸》32《经纶章》），只有天下最真诚的人能够筹划天下的根本大法，确立天下的根本，明了天地的生成变化。

孟子继承了《中庸》的思想，他说：“诚者天之道也，思诚者人之道也”，真诚是自然的法则，追求真诚是做人的法则。所以孟子主张反身思诚，“居下位而不获于上，民不可得而治也。获于上有道，不信于友，弗获于上矣。信于友有道，事亲弗悦，弗信于友矣。悦亲有道，反身不诚，不悦于亲矣”（《离娄上》12）。一个人官职卑小，得不到上级的信任是治理不好百姓的。得到上级信任的办法就是得到朋友的信任，得到朋友信任的办法就是使父母高兴，使父母高兴的办法就是反躬自问自己是不是真心诚意。对父母真心诚意，才能得到朋友的信任，才能得到上级的信任。孟子认为真诚是做人的根本，所以反身思诚，就是最大的快乐。“反身而诚，乐莫大焉。强恕而行，求仁莫近焉。”（《尽心上》4）反躬自问，自己真心诚意，没有比这更快乐的了，再努力推己及人，达到仁德的境界没有比这更快的了。

内省

孔子主张先正己而后正人，“其身正，不令而行”，提倡内省，“见其过而自讼”，弟子曾参则说：“吾日三省吾身，为人谋而不忠乎？与朋友交而不信乎？传不习乎？”（《论语·学而》）孟子继承了孔子内省的传统，提出了内省自反的修身方法。

人的本性是善的，如果不时时加以养护，本性就会昏而不明，甚至丧失掉，所以孟子主张内省。他以山林日间被砍伐、夜间吸收自然清明之气恢复生机作比喻说：“虽存乎人者，岂无仁义之心哉？其所以放其良心者，亦犹斧斤之于木也，旦旦而伐之，可以为美乎？其日夜之所息，平旦之气，其好恶与人相近也者几希，则其旦昼之所为有梏亡之矣。梏之反复，则其夜气不足以存；夜气之不足以存，则其违禽兽不远矣。”（《告子上》8）人人都有仁义之心，有人之所以丧失掉善心，就像树木天天遭到砍伐一样。虽然树木夜夜吸收自然清明之气以求生长，但是天天砍伐就压制了它的生长。在这里，孟子创造了一个哲学术语“夜气”，他借树木夜间恢复生机比喻人夜间自我反省发扬善良的本性。夜间万籁俱寂，全无干扰，人静卧室内，反省“其旦昼之所为”，查找不足，恢复善良的本心。通过夜间的反省，就能保持和发扬人的仁、义、礼、智的本性。

内省的目的就是求其放心。孟子说：“仁，人心也；义，人路也。舍其路而弗由，放其心而不知求，哀哉！人有鸡犬放则知求之，有放心而不知求。学问之道无他，求其放心而已矣。”（《告子上》11）仁是人的心，义是人的路，放弃了正路而不走，丧失了善良的本心而不知道去寻找，这是很可悲的。人丢失了鸡犬还知道去寻找，丢失了善良的本心却不知道去寻找。学问之道没有别的，就是找回丢失的善良本心罢了。人要不断地通过内心的反省，改正自己的错误，保持自己善良的本心。

自反

孟子提出了自反的修养方法，他说："君子所以异于人者，以其存心也。君子以仁存心，以礼存心。仁者爱人，有礼者敬人。爱人者人恒爱之，敬人者人恒敬之。有人于此，其待我以横逆，则君子必自反也：我必不仁也，必无礼也，此物奚宜至哉？其自反而仁矣，自反而有礼矣，其横逆由是也，君子必自反也：我必不忠。自反而忠矣，其横逆由是也，君子曰：'此亦妄人也已矣，如此，则与禽兽奚择哉？于禽兽又何难焉？'"（《离娄下》28）君子与一般人的不同之处在于用心，君子用心于仁德和礼仪，爱人，敬人，所以也得到别人的爱敬。如果有一个人对我蛮横粗暴，君子一定要反躬自问，一定是我不仁无礼，不然他为什么会这样呢？反躬自问以后，我仁爱有礼，那人还是蛮横粗暴，君子一定又反躬自问，一定是我不忠。反躬自问后，我忠心耿耿，那人仍然蛮横粗暴，君子就会说："这个人不过是个狂人罢了，这样与禽兽有什么区别呢？对禽兽又能责备什么呢？"君子在遭到别人的不礼貌对待后，不要去责备别人，先反省自己，看看自己是否有不仁、无礼、不忠的行为。孟子主张的自反非常全面："爱人不亲，反其仁；治人不治，反其智；礼人不答，反其敬。行有不得者皆反求诸己，其身正而天下归之。"（《离娄上》4）爱别人，别人不来亲近，就要反躬自问自己仁爱的程度；治理别人却治理不好，就反躬自问自己的智慧；礼貌待人，别人却不理睬，就反躬自问自己恭敬的程度。只要自己的行为达不到自己预期的目的，就要反躬自问，自身端正了，天下的人就会来归附。

寡欲

要保持人的本性，就必须免受外物的诱惑侵袭。为了养心保性，孟子主张要寡欲。"养心莫善于寡欲。其为人也寡欲，虽有不存焉者寡矣；其为人也多欲，虽有存焉者寡矣。"（《尽心下》35）养心最好的办法就是减少欲望，欲望不多，即使善性有所丧失也不会太多，如果欲望太多，即使善性有所保存也很少了。人在社会中生活，面对的欲望太多了，美食、美色、美乐、高官、厚禄、金钱，无不引诱着人们，在这些欲望面前，人很容易迷失自己善良的本性。所以孟子主张要寡欲，减少欲望，就能在自己的头脑中筑起一道防护墙，自觉抵制有悖于人的善良本性的物质、功利、享乐等诱惑。

养气

孟子的弟子公孙丑问孟子的长处，孟子说“我知言，我善养吾浩然之气”，善于分析识别别人的言辞，善于培养自己的浩然之气。公孙丑又问什么是浩然之气，孟子说：“难言也。其为气也，至大至刚，以直养而无害，则塞于天地之间。其为气也，配义与道；无是，馁也。是集义所生者，非义袭而取之也。行有不慊于心，则馁矣。”（《公孙丑上》2）浩然之气作为一种气，最为盛大刚强，靠正直去培养且不伤害它就会充满天地之间。

孟子庙桧柏

作为一种气，它要与义和道相配合，没有道义的配合它就空虚了，它是依靠义的不断积累而产生的，不是偶然的正义行动就能取得的。如果行为有愧于心，它也就空虚了。浩然之气与道义配合，集义所生，就是人坚持不懈地按照道义行事，经过长期的积累而形成的精神气质。孟子还讲到志、气的辩证关系：“夫志，气之帅也；气，体之充也。夫志至焉，气次焉”，“志壹则动气，气壹则动志也”。

（《公孙丑上》2）心志是气的统帅，气充满于体内。心志到哪里，气也随之到哪里。心志专一就能带动气，气专一也能带动心志。

孟子的浩然之气就是通过长期努力地自觉修养，培养出无所愧怍、正大光明、无所畏惧的精神，也就是孟子所提倡的大丈夫精神、舍生取义的精神。什么是大丈夫精神呢？景春认为当时的连纵合横的公孙衍、张仪为大丈夫，“一怒而诸侯惧，安居而天下熄”，他们一发怒连诸侯们都害怕，安居国中而天下太平，但是孟子认为他们还不能够称做大丈夫。“居天下之广居，立天下之正位，行天下之大道。得志，与民由之；不得志，独行其道。富贵不能淫，贫贱不能移，威武不能屈，此之谓大丈夫。”（《滕文公下》2）居住在天下最宽广的住宅里，站立在天下最正确的位置上，行走在天下最宽平的大道上。能够实现自己的理想，就和人民一同循着正道前进；不能实现自己的理想，就独自行走在正道上。富贵不能迷乱自己的心志，贫贱不能改变自己的操守，威武不能迫使自己改变气节，这样的人才是大丈夫。

孔子主张杀身成仁，“志士仁人，无求生以害仁，有杀身以成仁”，为了正义的事业和理想可以舍弃自己的生命。孟子继承和发展了孔子杀身成仁的精神，提出了舍生取义的主张。“生，亦我所欲也；义，亦我所欲也；二者不可得兼，舍生而取义者也。生，亦我所欲，所欲有甚于生者，故不为苟得也；死，亦我所恶，所恶有甚于死者，故患

大丈夫图
王新安绘

有所不辟也。”（《告子上》10）生命是我想要的，义也是我想要的，二者不能同时得到，我宁愿舍弃生命而选择义。生命是我想要的，我想要的东西超过生命，所以我不苟且偷生；死亡是我所厌恶的，有比死亡更让我厌恶的东西，所以有的祸患我决不逃避。为了道义，为了正义的事业，可以舍弃自己的生命。

动心忍性

孟子认为上天要安排重大使命给一个人，必定要对他进行锻炼，不仅要磨炼其心志，劳累其筋骨，饥饿其身体，困乏其体力，扰乱其一举一动，还要对他“动心忍性”，振动他的心性，坚韧他的性格，所以一个人要经得起磨难，愈挫愈奋起，在艰难困苦的环境中培养自己坚忍不拔的品格。上天要振动你的心性，而你要“不动心”。孟子自述“我四十不动心”，什么叫做不动心呢？他说：“不得于心，勿求于气，可；不得于言，勿求于心，不可。夫志，气之帅也；气，体之充也。夫志至焉，气次焉。故曰‘持其志，勿暴其气’。”（《公孙丑上》2）心志不安就不要去求助于意气，是可以的；言语不合适就不去求助于心志是不对的。心志是意气的主帅，意气是充满体内的，心志关注到哪里意气就停留在哪里，所以要把握住心志，不要妄动自己的意气。怎样才能做到不动心呢？孟子认为北宫黝皮肤被刺不退缩，眼睛被刺不眨眼，既不受百姓的羞辱，也不受大国君主的羞辱，把刺杀大国君主看成与刺杀百姓一样，遭到别人的辱骂一定要回击，是把一定战胜对方当做勇敢，是匹夫之勇；孟施舍不事先考虑敌人的力量和胜负，把坚持必胜的信念、无所畏惧、勇往直前作为勇敢，是志气之勇；曾子自我反省觉得理亏，对平民百姓都不会威吓，自我反省觉得不理亏，即使是面对千军万马也要勇往直前，把坚守正义当做勇敢，是义理之勇。不动心要以道德信念为依据，符合正义的无所畏惧才是真正的不动心。

孟子认为，人经过尽心、知性、知天和存心、养性、事天这样一个人道与天道相统一的过程，目标就是修身立命。他说：“尽其心者，知其性也。知其性，则知天矣。存其心，养其性，所以事天也。夭寿

周文王像

不贰，修身以俟之，所以立命也。”（《尽心上》1）尽力扩展本来的善心就知道了人的本性，知道了人的本性就知道了天命。保持自己本来的善心，培养自己的本性，就能正确对待天命。无论自己寿命的长短都不改变，修养身心等待天命的来临，这就是安身立命。怎样才能存心呢？“君子以仁存心，以礼存心”，用仁和礼来保存自己的本性。孟子虽然也认为天命是无法抗拒的，也提出“顺天者昌，逆天者亡”，主张顺从天命，但是孟子并不是听天由命、消极地等待天命的降临，而是主张积极作为，修身养性，提高自己的德行，努力追求，尽人力而听天命。“求则得之，舍则失之，是求有益于得也，求在我者也。求之有道，得之有命，是求无益于得也，求在外者也。”（《尽心上》3）追求就能得到，放弃就会失去，这样的追求有益于获得，怎样追求就在我了。追求有一定的规律，能否得到在于命运，这样的追求无益于获得，在我的努力之外了。不论能否得到，都要努力去探求。

孟子修养的目的，就是把人培养成圣人。孔子认为圣人具有最高的理想人格，只有尧、舜、禹、汤、文王、武王、周公这几位致力于天下太平、人民安乐的人才能称做圣人。孟子则不然，他认为“人皆可以为尧舜”，只要身体力行，人人都可以达到圣人的境界。他说：“尧舜与人同耳”，“尧舜之道，孝弟而已矣。子服尧之服，诵尧之言，行尧之行，是尧而已矣”。（《告子下》2）要成为尧舜一样的人，要讲孝悌，讲尧那样的话，做尧那样的事。“舜，人也；我，亦人也。舜为法于天下，可传于后世，我犹未免为乡人也，是则可忧也，忧之如何？如舜而已矣，若夫君子所患则亡矣。非仁无为也，非礼无行也。如有一朝之患，则君子不患矣。”（《离娄下》28）舜是人，我也是人，舜成为天下人学习的榜样，留传名声于后世，而我只是一个平平凡凡的百姓，这是值得忧虑的事情。但只要像舜那样，不合仁德的事情不做，不合礼仪的事情不做，那我也可以像舜一样成为天下后世学习的榜样。要像舜那样，自觉地按照仁义行事，不把仁义作为工具、手段来使用，"由仁义行，非行仁义也"（《离娄下》19）。孟子"言必称尧舜"，为人们树立了道德修养的榜样，"人皆可以为尧舜"的观点提出了道德修养人人平等的理论，人类在精神道德方面是平等的，只要尽心修行，人人都可以成为"圣人"。

孟子的伦理思想

孟子的伦理思想不像孔子那样复杂，他强调的重点主要就是仁、义、礼、智这四个伦理德目，此外还论及了忠、信、孝、悌、耻等。仁、义、礼、智这四个德目孔子谈论的已经很多，但孟子对其又有所发展，如前述的孟子四端说。孟子认为伦理道德是人天生的道德属性，产自人的内心，"仁、义、礼、智根于心"，"仁、义、礼、智，非由外铄我也，我固有之也"（《告子上》6），"仁之于父子也，义之于君臣也，礼之于宾主也，知之于贤者也，圣人之于天道也，命也。有

君子诚信图
王新安绘

性焉，君子不谓命也”（《尽心下》24）。仁、义、礼、智植根于人的内心，不是外人给我的，是我本来就具有的，父子之间的仁，君臣之间的义，宾主之间的礼，贤人的明智，圣人的天道，这都是由命来决定的，其中也有天性的作用，但是君子不强调命的作用。

仁

仁的伦理学意义就是爱人，也就是孔子所说的“仁者爱人”。仁字在《孟子》中出现约150次，比在《论语》中出现的次数还要多，但是孟子多是对仁的利用，尤以仁政、仁义并用为多，对仁的本意阐释得比较少。

孟子认为：“仁，人心也”，“仁也者，人也。合而言之，道也”。（《尽心下》16）人与仁结合起来就是道。仁，是人生来就有的本性，恻隐之心就是它的萌芽，“恻隐之心人皆有之”，“恻隐之心，仁也”，“恻隐之心，仁之端也”，没有恻隐之心就不能算是人，“无恻隐之心，非人也”。恻隐之心是仁的萌芽，“强恕而行，求仁莫近焉”，努力按照推己及人的恕道去做，就能达到仁的境界。孟子继承了孔子仁的思想，并对其内容进行了扩大，提出了亲亲仁民爱物的观点，仁者不仅爱人还要爱物。他说：“君子之于物也，爱之而弗仁；于民也，仁之而弗亲。亲亲而仁民，仁民而爱物。”（《尽心上》45）君子爱护自然万物但不必施行仁德，用仁德对待人民但不必当成亲人。亲爱自己的亲人，仁爱人民，爱护自然万物。当然孟子的爱是有先后的，亲亲、仁民、爱物，亲亲是最主要的，其次是仁民，最后是爱物。孟子还主张仁有轻重缓急，仁不可能惠及每一个人，但首先要爱护亲人和贤人。“仁者无不爱也，急亲贤之为务……尧、舜之仁不遍爱人，急亲贤也。”（《尽心上》46）仁者没有不想爱护的，但爱护亲人和贤人是首先要急于做的。即使像尧、舜这样的圣人，他们的仁德也不可能遍及所有的人，只能先爱亲人和贤人。孟子认为选拔贤人是仁，“分人以财谓之惠，教人以善谓之忠，为天下得人者谓之仁。是故以天下与人易，为天下得人难”（《滕文公上》4），这是因为为天下物色到贤人要比把天下让给别人难得多。孟子讲仁，似乎更侧重于亲亲，“亲亲，仁也”，“仁之实，事亲也”，“仁之于父子也……命也”，仁主要在亲人之间。

孟子非常推崇仁，“夫仁，天之爵尊也，人之安宅也”（《公孙丑上》7），仁是上天赋予人类最高的品德，只要奉行仁德，人就能安然自在地生活，否则就非常危险。“三代之得天下也以仁，其失天下也以不仁，国之所以废兴存亡者亦然。天子不仁，不保四海；诸侯不仁，不保社稷；卿大夫不仁，不保宗庙；士庶人不仁，不保四体。”（《离娄上》3）三代的兴亡存废全在于仁，有仁就能得天下，不仁就失天下，人人都不能离开仁，天子不仁不能保有天下，诸侯不仁不能保有封地，卿大夫不仁不能保住家业，士和平民不仁连生命都保不住。有仁德就能统一天下，“以德行仁者王”，就能无敌于天下，“仁者无敌”，“仁人无敌于天下”，“国君好仁，天下无敌焉”。

义

义的伦理学意义就是合理，也就是孔子所说的“义者，宜也”。《孟子》中谈义约一百次，许多是与仁连作仁义，部分是与礼连作礼义。

孟子认为义产生于人的内心，是人生来就有的本性，羞恶之心就是它的萌芽。“羞恶之心人皆有之”，“羞恶之心，义也”，“羞恶之心，义之端也”，没有羞恶之心就不能算是人，“无羞恶之心，非人

舍生取义图
王新安绘

也”。孟子认为把自己不想干的事情推及到想干的事情上就是义，“人皆有所不为，达之于其所为，义也”（《尽心下》31）。孟子讲义，似乎更侧重于上下之间的关系，他说“君臣有义”，“义之于君臣……命也”，“义之实，从兄是也”，“敬长，义也”，“无礼义，则上下乱”，义都是在上下关系之间。

关于义与气的关系，孟子认为：“其为气也，配义与道，无是，则馁也。是集义所生者，非义袭而取之也。”（《公孙丑上》2）浩然之气必须要与义和道相配合，没有道义的配合气就空虚了，气是依靠义的不断积累而产生的，而不是偶然的正义行动就能取得的。

孟子非常推崇义，人要“尊德乐义”，“穷不失义”，爱好义，即使在穷困时也不能放弃。甚至在生死关头，宁愿放弃生命也不能舍弃义，“生，亦我所欲也；义，亦我所欲也；二者不可得兼，舍生而取义者也”（《告子上》10），生命是我想要的，义也是我想要的，如果不能同时得到，那就要舍弃生命而保有义。

在所有的伦理道德科目中，孟子最重视仁义，他认为：“亲亲，仁也；敬长，义也。无他，达之天下也。”（《尽心上》15）仁义是可以通行天下的道德，所以孟子喜欢仁义并用，他认为人与人应该以仁义相待：“为人臣者怀仁义以事其君，为人子者怀仁义以事其父，为人弟者怀仁义以事其兄，是君臣、父子、兄弟去利，怀仁义以相接者，然而不王者未之有也。”君臣、父子、兄弟之间都以仁义相待，国家就能兴旺发达。孟子虽然喜欢仁义并用，但他认为二者是有差别的：“仁，人心也；义，人路也。舍其路而弗由，放其心而不知求，哀哉！”

礼门义路匾
悬挂于孟府仪门上。

天津文庙义路坊

许多地方学校、文庙都建造了名为义路的门坊。

（《告子上》11）“吾身不能居仁由义，谓之自弃也。仁，人之安宅也；义，人之正路也。旷安宅而弗居，舍正路而不由，哀哉！”（《离娄上》10）“居恶在？仁是也；路恶在？义是也。居仁由义，大人之事备矣。”（《尽心上》33）仁是人的本性，是人最安全的住所，义是人最正确的道路，义是仁的外在表现形式，人应该居仁由义。

也许是为了突出强调义，孟子一再强调不要谈论利。第一次会见梁惠王，梁惠王问孟子怎样能有利于自己的国家，孟子开口就说：“王何必曰利？亦有仁义而已矣。”然后讲如果上上下下互相争夺利益国家就危险了，如果后义先利，大夫们不把国君的地位和财富夺走是不会满足的，最后再次强调：“王亦曰仁义而已矣，何必曰利？”在劝说宋轻时又提出：“君臣、父子、兄弟去利，怀仁义以相接也，然而不王者，未之有也。何必曰利？”只要人人胸怀仁义而交往，就一定能够一统天下。孟子突出强调仁义是对的，但过于强调仁义的作用而绝口不谈利也是不合适的，毕竟社会中是有利存在的。

礼

礼的本意是祭祀神灵，由于祭祀时家族内部要按照长幼排序，逐渐发展成礼仪制度，继而发展成行为准则和道德规范。

孟子论礼的内容并不是很多，《孟子》中，礼字共出现约六十次，其中十五次出自他人之口，四次指《礼》，但这并不影响礼是孟子伦理思想的主要内容之一。在西周时期，礼的内容非常广泛，包括各种制度法规、礼节仪式和道德规范，那些繁琐的制度和礼仪已经不适合孟子时期的社会现实。孟子对礼进行简化，突出礼的本质、实质和作用。他认为礼出自人的内心，本质就是恭敬和辞让，“恭敬之心，礼也”，“恭敬之心，人皆有之”，“辞让之心，礼之端也”，辞让之心就是礼的萌芽，人不能没有辞让之心，“无辞让之心，非人也”，没有辞让之心就不能算是人。恭敬包括对人的尊重，对工作的严肃认真。礼的实质就是在事亲、从兄两方面能够进行适宜的调节和修饰，“仁之实，事亲是也；义之实，从兄是也”，“礼之实，节文斯二者是也”（《离娄上》27）。礼的作用在于处理上下关系和人与人之间的关系，“无礼义，则上下乱”，没有礼义，上下等级关系就会混乱。“有礼者敬人”，“敬人者人恒敬之”。当然孟子也认为礼仪主要用于宾主关系，“礼之于宾主……命也”，这是礼的天性。

孟子也将礼义连用，对于二者的关系，他认为：“夫义，路也；礼，门也。惟君子能由是路，出入是门也。”（《万章下》7）义好比是人生的正确道路，而礼就是道路上的门，君子应该由礼门出入沿着正确的道路前进。

智

智的意义比较多，主要有智慧、明智、聪明等。智在《孟子》中

致敬门

孟子庙西路的正门

出现次数不多，总共32次，其中6次出于他人之口。

孟子认为智也是出自人的内心，“是非之心，人皆有之”，“是非之心，智也”，是非之心是人智的萌芽，“是非之心，智之端也”，没有是非之心，就不能算是人，“无是非之心，非人也”。孟子认为智的实质是知道仁义的实质而不违背：“仁之实，事亲是也；义之实，从兄是也；智之实，知斯二者弗去是也。”（《离娄上》27）

云南建水文庙义路坊

信

信的伦理学意义就是言行如一，诚实无欺，严守信用。孟子谈论信也不多，《孟子》中共出现29次，但其中5处作副词“真”讲，2处作“伸”讲，4处作“相信”讲，1次出自他人之口，出自孟子之口真正作“信用”讲的只有17次。孟子对信的阐发不多，他说“大人者，言不必信，行不必果，惟义所在”（《离娄下》11），有德行的人，说话不一定要句句守信用，做事不一定要件件有结果，自己的一切言行都以义为依据。这个观点和孔子是一致的。孔子说：“言必信，行必果，硁硁然小人哉。”将不分青红皂白一味死守信用的人称做是小人。孟子虽然谈论信不多，但他对信还是很重视的，将“朋友有信”称做五伦之一。

忠

《孟子》中谈论忠更少，只有八次，还有一次是出自曾子左右之口。七次论忠，全是待人之道。孟子认为，“教人以善谓之忠”，教人行善就叫做忠。孟子不谈忠君，这是他的事君态度决定的。孟子认为：

“君之视臣如手足，则臣视君如腹心；君之视臣如犬马，则臣视君如国人；君之视臣如土芥，则臣视君如寇仇。”（《离娄下》3）对待国君的态度完全依国君对待自己的态度来确定：国君对待臣子如同手足，臣子对待国君就如同自己的腹心；国君对待臣子如同犬马，臣子对待国君就如同一般的国民；国君对待臣子如同泥土草芥，那臣子对待国君就如同仇敌。孟子的事君态度反映了知识分子觉醒了的人格，臣子与国君没有人身依附关系，在人格上臣子与国君是平等的。国君不仁不义，残害人民，孟子称其为一夫、民贼，是可以放逐、杀掉他的。

孝

《孟子》中谈孝也不多，孝字总共出现29次，其中引文4次，国君谥号1次，出自他人之口1次，真正谈孝的只有23次。孟子之所以谈孝比较少，是因为孟子将父子之间的伦理关系包括在了仁中，“仁之实，事亲也”，“仁之于父子也……命也”，将父慈子孝都纳入了仁的范围。

孟子认为孝就是事亲、尊亲，就是侍奉自己的父母，使父母尊贵。他说：“不得乎亲，不可以为人；不顺乎亲，不可以为子。舜尽事亲之道而瞽瞍厎豫，瞽瞍厎豫而天下化，瞽瞍厎豫而天下之为父子者定，此之谓大孝。”（《离娄上》28）不能得到父母的欢心就不可以做人，不能顺从父母的旨意就不能做儿子，舜竭尽一切心力奉事父母，父亲瞽瞍高兴了，天下的风俗因此改善，父子的伦常也因此确定了，这就是大孝。他还说：“孝子之至，莫大乎尊亲；尊亲之至，莫大乎以天下养”（《万章上》4），“大孝终身慕父母”（《万章上》1）。最大的孝莫过于使父母尊贵，使父母尊贵莫过于用天下奉养，具有最大孝心的人终身都要怀恋父母。

对于世俗的不孝孟子认为有五种：四肢懒惰，不管父母生活；赌博喝酒，不管父母生活；贪图钱财，偏爱妻子儿女，不管父母生活；放纵耳目的欲望，给父母带来羞辱；喜欢逞勇斗殴，危及父母。（《离娄下》30）他个人认为“不孝有三，无后为大”，最大的不孝是不结婚，没有后代。孟子把孝看得重于一切，父亲杀人犯了法，宁愿不要天下，也要保护父亲。桃应问孟子，舜为天子，皋陶为法官，舜的父亲杀了人，舜怎么办？孟子说只能由皋陶把父亲抓起来，舜不能阻止皋陶执行法律，他应该扔下天下，偷偷地背起父亲到海边隐藏起来。

孟子还讲了修身与伦理、从政的关系，他说："居下位而不获于上，民不可得而治也。获于上有道，不信于友，弗获于上矣。信于友有道，事亲弗悦，弗信于友矣。悦亲有道，反身不诚，不悦于亲矣。诚身有道，不明乎善，不诚其身矣。"（《离娄上》12）只有懂得善才能使自己诚心诚意，只有诚心诚意才能得到父母的欢心，只有得到父母的欢心才能得到朋友的信任，只有得到朋友的信任才能获得上级的信任，只有得到上级的信任才能治理百姓。

孟子非常重视伦理道德的作用："有天爵者，有人爵者。仁义忠信，乐善不倦，此天爵也；公卿大夫，此人爵也。古之人修其天爵而人爵从之，今之人修其天爵以要人爵，既得人爵而弃其天爵，则惑之甚者也，终亦必亡而已矣。"（《告子上》16）仁、义、忠、信等伦理道德是天生的自然爵位，公卿大夫是人的爵位，修养好自己的道德，人的爵位就会随之获得，如果得到人爵而放弃天爵，那么人爵也一定会丢掉。

孟子谈论伦理不多，但是对后世的影响却很大，他提出的"父子有亲，君臣有义，夫妇有别，长幼有序，朋友有信。"（《滕文公上》4）在后世被称做五伦。

孟子的教育思想

孟子非常喜欢教育事业，将从事教育事业看做是人生最大的乐趣之一。他说："君子有三乐，则王天下不与存焉。父母俱存，兄弟无故，一乐也；仰不愧于天，俯不怍于人，二乐也；得天下英才而教育之，三乐也。"（《尽心上》20）君子有三件最快乐的事情：一是父母健在，兄弟没有灾病；二是抬头仰望无愧于天，低头扪心自问无愧于人；三是得到天下优秀的人才而教育他们。用仁德统一天下还不能包括在内。因为用仁德一统天下，虽然实现了自己的政治理想，在建功立业的同时也会获得富贵荣禄，这固然满足了君子的愿望，但它并不会给君子带来多少乐趣，因为君子的乐趣在于享受天伦之乐，在于体味完善自己人格的精神愉悦，在于感受将自己的思想熏陶润泽他人的快乐。

孟子以教育优秀人才为人生一大乐事，他是这样说的，也是这样做的。他大约从三十多岁开始收徒设教，一直到晚年都在从事教育事业，周游列国时“后车数十乘，从者数百人，以传食于诸侯”（《滕文公下》4），可见弟子之多。从者数百人，不会是随从，因为孟子不是贵族，不能有这么多的奴仆，数百人只能是弟子。孟子欲辞官离开齐国，齐宣王挽留他时就说，“我欲中国而授孟子室，养弟子以万钟”。在国都内拨给孟子一所房子，每年给万钟粮食供养孟子的弟子，由此也可见孟子弟子之多。

孟子一生从事教育事业，在长期的教育实践中积累了丰富的教育经验，总结出优秀的学习方法，丰富了儒家教育思想。

教育主张

孟子认为教育是治理国家的根本措施之一，他一再主张国家要兴办学校，进行教育。他在答复梁惠王和齐宣王问政时都提出要“谨庠序之教”，办好学校和教育，在答复滕文公问如何治理国家时孟子更是将兴办教育作为治理国家的一项重要措施。他说：“设为庠、序、学、校以教之。庠者，养也；校者，教也；序者，射也。夏曰校，殷曰序，周曰庠，学则三代共之，皆所以明人伦也。人伦明于上，小民亲于下，有王者起，必来取法，是为王者师也。《诗》云：‘周虽旧邦，其命惟新’，文王之谓也。子力行之，亦以新子之国。”（《滕文公上》3）国家在都城内要兴办学校，在地方上也要兴办学校，对民众进行人伦教育。治理国家的人推行人伦，人民互相亲爱，就能使国家气象一新，要想统一天下就一定要这样做。如果不进行教育，国家很快就会灭亡了。“上无礼，下无学，贼民兴，丧无日矣”（《离娄上》1），国家官员没有礼义，不兴办学校，就会使作恶的百姓越来越多，国家的灭亡也就不远了。

孟子之所以认为教育是治理国家的重要措施之一，是因为他认识到，在治理国家上教育的作用比政治还有效果。他说："仁言不如仁声之入人深也，善政不如善教之得民也。善政，民畏之；善教，民爱之。善政得民财，善教得民心。"（《尽心上》14）仁爱的言论不如雅正的音乐更深入人心，良好的行政措施不如良好的教育得民心。因为良好的行政措施使人民敬畏，而良好的教育能使人们爱慕；良好的行政措施能够聚敛财富，而良好的教育能够得到民心。一个政府如果得到人民的拥护就很容易治理，也不用担心税收收不上来。

孟子主张品德好的人和有才能的人都要教育比自己差的人。他说："中也养不中，才也养不才，故人乐有贤父兄也。如中也弃不中，才也弃不才，则贤不肖之相去，其间不能以寸。"（《离娄下》7）品德好的人要教育熏陶品德不好的人，有才能的人要教育熏陶才能差的人，如果不这样做，好的人和差的人之间的距离就很小了。

教育目的

孟子认为人"饱食暖衣，逸居而无教，则近于禽兽"（《滕文公上》4），如果人仅仅满足于吃得饱，穿得暖，住得安逸，不接受教育的话，就与禽兽没有多大的差别。所以孟子主张教育的目的就是明人伦，教育的内容主要也是伦理。孟子一再申明要"申之以孝悌之义"，"教以人伦"，"修其孝悌忠信"，通过教育使"父子有亲，君臣有义，夫妇有别，长幼有叙，朋友有信"，以教育来提高人民的道德水平。道德水平提高了，才可以富国强兵，"王如施仁政于民，省刑罚，薄税敛，深耕易耨，壮者以暇日修其孝悌忠信，入以事其父兄，出以事其长上，可使制梃以挞秦楚之坚甲利兵矣"（《梁惠王上》5），使人民懂得孝悌忠信，就能在家侍奉父兄，在外敬重尊长，可以拿起木棍去攻打坚甲利兵的敌国军队。

教学方法

孟子认为教育者必须首先正己、正身，“教者必以正”，为人师表者必须以身作则。“枉己者，未能正人者也”，己不正，难以正人。“仁者如射，射者正己而后发”，有仁德的人就像比赛射箭一样，先要端正自己才能射箭。“身不行道，不行于妻子；使人不以道，不能行于妻子”（《尽心下》9），自己不依道行事，道在妻子儿女身上也行不通；自己不依道使唤别人，连妻子儿女也使唤不了，自己必须不能违背道。

教育者自己要对教育的内容彻底明白，“贤者以其昭昭使人昭昭”，自己都不明白怎么能使别人明白呢？“人之患在好为人师”，自己没有丰富的知识就总想去教育别人，这是人最大的毛病。教学要做好充分的准备，“博学而详说之，将以反说约也”（《离娄下》15），广博地学习，详细地考辨，融会贯通以后才能简略地述说大义。

孟子的教育也是注意因材施教，他说：“君子之所以教者五：有如时雨化之者，有成德者，有达财者，有答问者，有私淑艾者。此五者，君子之所以教也。”（《尽心上》40）君子的教育方法有五种：对品德好、才能高的弟子及时点化，就像雨露滋润草木那样使他们成长；对德行好的弟子适时教化，使他们培养完美的品德；对才能突出的弟子及时进行指导，使他们成为具有全面才干的人；对才能一般的弟子，随时解答他们的疑问；对不能上门请教的弟子，使他们学习前人的嘉言善行。孟子的这些教育方法针对弟子不同的才能、性格、兴趣进行不同的教育，发展了孔子因材施教的方法。对于不可造就的人，孟子是不屑于教育的，他说：“教亦多术矣，予不屑之教诲也者是亦教诲之而已矣。”（《告子下》16）我不教育他也是对他的教育，如曹交想投靠在孟子门下学习，孟子就说尧、舜之道就像大路一样是很容易懂的，你回去寻求吧，会有很多老师的。

孟子虽然主张因材施教，根据每个人的智力、爱好、特长等进行不同程度、不同方式的教育，但是教学的标准不能改变。他说：“大匠不为拙工改废墨绳，羿不为拙射变其彀率”（《尽心上》41），“羿之教

使人昭昭图
王新安绘

人射，必志于彀，学者亦必志于彀；大匠诲人必以规矩，学者亦必以规矩”（《告子上》20）。高明的匠师不会因为手艺拙劣的徒工改变或放弃规矩，善射的后羿不会因为拙劣的射手改变拉弓的标准。后羿教人射箭一定要拉满弓，学习的人也一定要拉满弓；高明的匠师教人一定要依照规矩，学习的人也一定要依照规矩。教学一定要高标准，严要求。

孟子还意识到环境对学习的影响，他举例说，一个楚国大夫想让他的儿子学习齐国的语言，就请一个齐国人教他，如果每天有许多楚国人哇啦哇啦地干扰他，即使用鞭子打他逼他说齐国话也做不到；如果把他带到齐国都城闹市里住上几年，就是用鞭子打他逼他说楚国话也做不到了，环境对人的学习影响是多么大。环境不仅影响人的学习成绩，还能改变人的气质。孟子见到齐王的儿子就赞叹说：“居移气，养移体，大哉居乎！”（《尽心上》36）居住的环境可以改变人的气质，奉养可以改变人的体质，居住环境的作用真是太大了！

择人而教

虽然同时代的人说孟子“夫子之设科也，往者不追，来者不拒”，但是孟子是非常注意选择弟子的。逄蒙跟随后羿学习射箭，完全掌握了后羿射箭的技术，逄蒙想现在只有后羿比我强，后羿死了就是我最强了，于是他就杀死了后羿，孟子评论说这是后羿的过错。弟子公明仪认为这不应该是后羿的过错，孟子就以庾公之斯敲掉箭头来射子濯孺子的例子说明是后羿的过错。郑国派子濯孺子攻打卫国，卫国派庾公之斯去追赶他。子濯孺子说："今天我的病发作了，不能拉弓，我是必死无疑了。"就问驾车的人是谁在追赶他，驾车的人说是庾公之斯，子濯孺子就说："我死不了了。"驾车的人觉得很奇怪，就说："庾公之斯是卫国著名的射箭高手，他来追赶您，您却说您死不了了，为什么呢？"子濯孺子说："庾公之斯是跟尹公之他学的射箭，尹公之他是跟我学的射箭。尹公之他是个正派的人，他选择的学生一定也是正派的人。"庾公之斯追上子濯孺子，问他为什么不拿起弓箭，子濯孺子说我的病发作了，不能拉弓射箭。庾公之斯说："我是跟尹公之他学习的射箭，尹公之他是跟您学习的射箭，我不忍心用您传授的技术反过来伤害您。但是今天是国君交付的事情，我不能不办。"于是他抽出箭来在车轮上敲掉箭头，连射了四箭后就返回去了。后羿教徒不慎送掉了自己的性命，而子濯孺子选择了正派的徒弟，在关键的时候却救了自己，由此可见选择徒弟是多么的重要。

孟子确实也是注意选择徒弟的，曹交想投靠在孟子门下学习，孟子不愿收他为徒，就说学问很容易了解，只要自己去寻求就可以了，你回去自己寻求吧，老师多得很，就把他推了出去。(《告子下》2）孟子对别人的请教有五不答："挟贵而问，挟贤而问，挟长而问，挟有勋劳而问，挟故而问，皆所不答也。"(《尽心上》43）依仗自己地位的提问，依仗自己贤能的提问，依仗自己年长的提问，依仗自己的功劳的提问，依仗自己有老交情的提问，他一律不回答。滕国国君的弟弟滕更要来学习，孟子无法拒绝，但即使滕更投在了自己的门下，孟子也不愿意对他进行教育，因为在五不答中他就具备了两条。

孟子还有一个著名的观点，那就是父不教子。公孙丑问孟子君子为什么不亲自教育自己的儿子，孟子回答说："势不行也。教者必以正，以正不行，继之以怒。继之以怒，则反夷矣。'夫子教我以正，夫子未出于正也。'则是父子相夷也。父子相夷，则恶矣，古者易子而教之。父子之间不责善，责善则离，离则不祥莫大焉。"(《离娄上》18）父亲亲自教育自己的儿子在情理上行不通。父亲教育儿子必须用正确的道理，如果行不通就会发怒，一发怒，就会伤了父子感情，儿子也会说“你用正确的道理教育我，而你发怒的做法就不正确”，这样就坏了，所以古代都是相互交换儿子进行教育。父子之间不能求好而责备，如果这样就会产生隔阂，那是最不好的事情。

学习方法

孟子提倡的学习方法主要有自学、循序渐进、专心致志、持之以恒和不迷信书本等。

孟子主张自学。他说：“梓匠轮舆能与人规矩，不能使人巧。”木匠和专门制造车轮车厢的人能够把制作的规矩准则传授给别人，但是他不能使别人一定具有高明的技巧，高明的制作技巧是需要自己去学习的。所以孟子说：“君子深造之以道，欲其自得之也。自得之则居之安，居之安则资之深，资之深则取之左右逢其原，故君子欲其自得之也。”（《离娄下》14）君子要按照正确的方法深造，就要使他自己得到高深的知识，自己得到的知识就能牢固地掌握它，牢固地掌握就能积累得越来越多．积累得越来越多就能取之不尽，左右逢源，所以君子要通过自学来掌握知识。

学习要树立远大志向。孟子说：“流水之为物也，不盈科不行。君子之志于道也，不成章不达。”（《尽心上》24）流水不填满坑坑洼洼就不再向前淌，君子有志于道，没有一定的成就就不能通达。

学习要专心致志。孟子曾经举例说，让全国最擅长下棋的弈秋教两个人下棋，“其一专心致志，惟弈秋之为听，一人虽听之，一心以为有鸿鹄将至，思援弓缴而射之，虽与之俱学，弗若之矣。为是其智弗若与？曰：非然也”（《告子上》9）。弈秋同时教两个人学习下棋，一个人专心致志，只听弈秋的传授，一个人虽然表面上也在听，但一心以为有一只天鹅就要飞来了，想拿起弓箭去射它。虽然他与别人同时在学习，但成绩却不如别人的好，这不是因为他的智力不如别人，是因为他没有专心致志。不专心致志，即使让最好的老师来教他，他也学不好。

学习要持之以恒。孟子曾经多次举例说明学习要持之以恒，只有持之以恒，才能不断增加知识。他以植物为例说："虽有天下易生之物也，一日暴之，十日寒之，未有能生者也。"（《告子上》9）即使是天下最容易生长的生物，如果晒它一天，冻它十天，它也不会生长。他以山路为例说："山径之蹊，间介然用之而成路；为间不用，则茅塞之矣。"（《尽心下》21）山坡上的小路，经常去走就能成为路，一段时间不走就会被茅草堵塞了。他以打井为例说："有为者辟若掘井，掘井九轫而不及泉，犹为弃井也。"（《尽心上》29）做事情就像打井，打下去六七丈深还没有见到水仍然是一口废井。学习何尝不是这样，不持之以恒就不能学到高深的知识。他以五谷为例说："五谷者，种之美者也，苟为不熟，不如荑稗。"（《告子上》19）五谷虽然是庄稼中的好品种，但是如果不成熟，那还不如稗子之类的野草，以此教育人学习要坚持下去取得成绩。

学习不要迷信书本，不要把书本知识当做教条。孟子说："尽信《书》则不如无《书》。"即使是儒家经典《尚书》也不能完全相信，如果完全相信书上的话那就不如没有书。他举例说，他对于《尚书》中的"武成"只取其中的两三处，因为上面记载武王伐纣血流漂杵，仁人无敌于天下，像武王这样拥有最高仁德的人讨伐像商纣王这样最不仁的人怎么会死这么多人呢？（《尽心下》3）

一暴十寒图
王新安绘

第三章

孟子及其思想的影响

七篇贻矩匾

清雍正皇帝题颁孟子六十五代孙孟衍泰，现悬挂于孟府大堂前檐下。

孟子以其对儒学思想的贡献被后世尊为儒家学派的代表人物，儒家思想也因此被称为孔孟之道。孟子的思想对中国哲学、政治、思想、文化、经济、伦理和中华民族的道德、性格、心理以及风俗习惯的形成都产生了重大影响，发挥了重要作用。大约从7世纪初开始，孟子思想先后传入日本、朝鲜和越南等亚洲近邻国家，16世纪以后又由传教士介绍到欧洲和美洲，逐渐传播影响到全世界。

在中国的影响

曲阜孔子庙大成殿内的孟子塑像

孟子思想在中国历史上产生过重大影响，发挥过重要作用，其影响和作用主要表现在治国理念、儒学发展和人格修养等方面，孟子也理所当然地受到历代人们的尊重。

历代尊崇

孟子去世后，孟子及其思想在当时社会上并没有产生多大的影响。到了西汉初年，儒家思想虽然尚未成为国家的指导思想，但是孟子的一些治国主张已经被采用。汉文帝也曾将《孟子》列于学官，设置《孟子》博士，汉武帝“罢黜百家、独尊儒术”后，只设置五经博士，《孟子》等传记博士都被取消。西汉扬雄首先推崇孟子，赞扬孟子批判杨墨的功绩，“古者杨墨塞路，孟子辞而辟之，廓如也”。到东汉时，孟子及其思想的影响逐步扩大，出现了《孟子章句》《孟子注》等六部注疏专著，孟子的一些言论被广泛引用，以致形成了一种风尚，“迄今诸经通义，得引《孟子》以明事，谓之博文”。赵岐曾作《孟子章句》，在其《题辞》中赞扬《孟子》“包罗天地，揆叙万物，仁义道德，性命祸福，粲然靡所不载。帝王公侯遵之，则可以致隆平，颂清庙；卿、大夫、士蹈之，则可以尊君父，立忠信；守志励操者仪之，则可以崇高节，抗浮云。有风人之托物，二《雅》之正言，可谓直而不倨，曲而不屈，命世亚圣之大才也”，推崇孟子为亚圣。

如果说孟子初显于汉，那么其后的魏晋南北朝一直到隋朝则是长期的沉寂，唐代时孟子才开始被学者所重视。韩愈受佛教、道教的神学体系影响，也是为了排斥佛、道的影响，提出了儒家道统。他认为，儒家道统起自尧，“尧以是传之舜，舜以是传之禹，禹以是传之汤，汤以是传之文、武、周公，文、武、周公传之孔子，孔子传之孟轲”，将孟子列为儒家道统的重要传人。“轲之死，不得其传焉”，孟轲去世，儒家道统中绝。韩愈以孟子学说的继承人自居，大力推崇孟子，他说：“求观圣人之道，必自孟子始。”为排斥当时盛行的佛教和道教，韩愈大力表彰孟子距杨墨的功绩：“能言距杨墨者皆圣人之徒也。”赞扬说：“孟轲好辩，

孟子配享孔子图

宋代时，孟子就配享孔子，与颜回东西相对。

孔道以明”，孟子“吐辞为经，举足为法，绝类离伦，优入圣域”，“孟子之功不在禹下”。宝应二年（763年），礼部侍郎杨绾上疏请求将《孟子》列为经书，咸通四年（863年），皮日休再次上疏，但都没有被批准。皮日休在《请〈孟子〉为学科书》中推崇《孟子》说：“《孟子》之文灿若经传，天惜其道，不烬于秦。自汉氏得之，尝置博士以专其学，故其文继乎六艺，光乎百世，真圣人之微旨也”，“孟子功施于人，亦不轻矣”。请求将《孟子》列为官学的教科书设科取士，并以自家性命作保，“既遂之，如儒道无可，圣化无补，是可刑于言者”，但仍然无济于事。孟子虽然没有被朝廷所重视，但得到一些地方官的尊崇，处州刺史李繁就将孟子像与孔子弟子和唐朝明令从祀的二十二贤一起画在学校孔子庙中壁上。

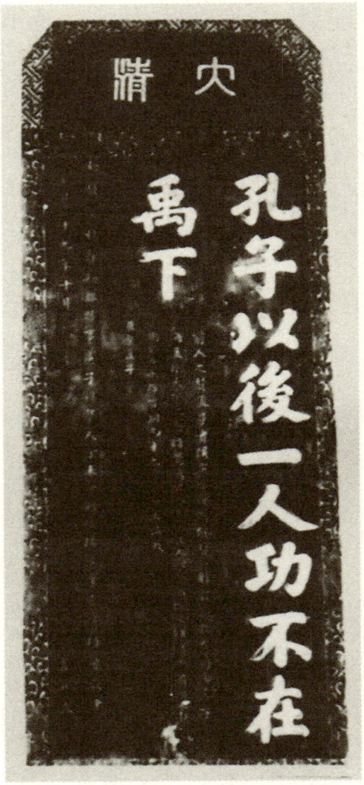

赞扬孟子碑

孟子真正受到重视是在宋朝。孟子被追封为邹国公，配享孔子庙，《孟子》也被列为经书。景祐四年（1037年），孔子四十五代孙孔道辅出任兖州太守，寻访孟子遗迹，建庙奉祀，并在曲阜孔子庙内建造五贤堂

山西平遥金庄孔子庙大成殿内孔子和孟子、颜子塑像

元代塑

棂星门
孟子庙的大门

奉祀。元丰六年（1083年），神宗加封孟子为邹国公，诏书赞扬孟子说：“自孔子没，先三之道不明。发挥微言，以绍三圣，归功孟子，万世所宗。”次年又命孟子配享孔子庙，位于颜回之次，塑像于国子监和天下学庙。南宋时，理宗曾亲自撰写赞诗，赞扬孟子说：“道术分裂，诸子为书，既极而合，笃生真儒。诋诃杨墨，皇极是扶。校功论德，三圣之徒。”庆历二年（1042年），国家举行才识兼茂科选拔人才，考试题目六个，其中第五题“经正则庶民兴”就选自《孟子》，到熙宁四年（1071年），国家改革科举制度，正式将《孟子》和《论语》一样列为必考经书。

元代是秦以后中国历史上最不重视文化的一统王朝，但在推崇孟子方面却有重大举措。一是将孟子的爵位封号升至最高，至顺元年（1330年）加封孟子为邹国亚圣公，诏书极力称颂孟子：“孟子，百世之师也。方战国之纵横，异端之充塞，不有君子，孰任斯文？观夫七篇之书，惓惓乎致君泽民之心，凛凛乎拔本塞源之论，黜霸功而行王道，距诐行而放淫辞，可谓有功圣门、追配神禹者矣。”二是追封孟子的父母，延祐三年（1316年）追赠孟子父亲为邾国公，母亲为邾国宣献夫人。三是将《孟子》列为科举考试的主要内容。南宋朱熹为《论语》《孟子》《大学》《中庸》作注，将其合称为《四书章句集注》，其后成为儒家经典，但在南宋时并没有成为国家科举考试的内容。元皇庆二年（1313年）将朱熹《四书集注》作为科举考试的标准

元加封孟子父母诏书碑
在孟子庙内

教材，科举考试以经学为主，经学以朱注为主，《孟子》也成为主要的考试内容之一。

明代初年，孟子曾经一度被贬斥。洪武五年（1372年），明太祖朱元璋阅读《孟子》，读到“君之视臣如土芥，则臣视君如寇仇”时不禁大怒，认为“非臣子所宜言”，下令罢黜孟子配享，将孟子赶出文庙。因为担心大臣们不同意，朱元璋还下令有敢劝谏者按大不敬论罪，由金吾卫乱箭射杀。但是刑部尚书钱唐却不怕死，抬着棺材进谏，他袒胸受箭，并说：“臣得为孟子死，死有余荣。”弄得朱元璋毫无办法，只好令太医院为钱唐疗伤，第二年就改口赞扬“孟子辨异端，辟邪说，发明孔子之道”，恢复了孟子的配享。但是，朱元璋仍然对孟子的土芥寇仇说耿耿于怀，洪武二十七年命翰林学士刘三吾删节《孟子》，删去认为内容不合适的八十五章，“自今八十五条之内，课试不以命题，科举不以取士”，保留一百七十余章，“悉颁之中外校官，俾读是书者知所本旨”。《孟子节文》只使用了大约二十年，到永乐中敕修《四书大全》时就恢复了《孟子》全文。明嘉靖九年（1530年），取消文庙奉祀人物封号，孔子改称至圣先师，孟子也取消邹国公

孟府大堂

封号，改称亚圣。明代还惠及孟子的后裔，景泰二年（1451年）加封孟子五十六代孙孟希文为世袭翰林院五经博士，此后代代沿袭，民国年间改称亚圣奉祀官。

清康熙赞碑亭

在孟子庙内

清高宗孟子赞碑

清代对孟子更加推崇。清圣祖、清高宗都曾经撰写孟子赞诗：“哲人既萎，杨墨昌炽，子舆辟之，曰仁曰义。性善独阐，知言养气，道称尧舜，学屏功利。皇皇七篇，并垂六艺，孔学攸传，禹功作配”，“战国春秋，又异其世。陷溺人心，岂惟功利。时君争雄，处士横议，为我兼爱，簧鼓树帜。鲁连高风，陈仲廉士，所谓英贤，不过若是。于此有人，入孝出弟，一发千钧，道脉永系。能不动心，知言养气，治世之略，尧舜仁义。爱君泽民，惓惓余意。欲入孔门，非孟何自？孟丁其难，颜丁其易，语默故殊，道无二致。卓哉亚圣，功在天地。”清世宗和高宗亲自书写题颁孟子庙“守先待后”和“道阐尼山”匾额，高宗还题颁了“尊王言必称尧舜，忧世心切同禹颜”的对联，乾隆二十二年和二十七年，高宗南巡路过邹县，还专门到孟子庙拈香祭祀孟子，亲行一跪三叩之礼。

政治上的影响

如果说孔子政治思想的主要影响是表现在治国理念上，那么，孟子政治思想的影响更多的是表现在施政措施上，而且孟子的一些政治主张早在汉武帝“罢黜百家、独尊儒术”之前就已经被采用了。

汉文帝即位后三个月也就是当年十二月就下令说：“法者，治之正也，所以禁暴而率善人也。今犯法已论，而使毋罪之父母、妻子、同产坐之，及为收帑。朕甚不取。其议之。”经臣下讨论后“尽除收帑相坐律令”，废除了秦朝一人犯罪惩处全家的法律。虽然是废除秦朝的法律，其实是采用的孟子“罪人不孥”的主张，惩治罪人不应该连累其妻子儿女。文帝元年（前179年）三月又下诏说：“老者非帛不煖，非肉不饱。今岁首不时使人存问长老，又无布帛酒肉之赐，将何以佐天下子孙孝养其亲？”“有司请，令县道年八十以上，赐米一石，肉二十斤，酒五斗；其九十以上，又赐帛人二匹，絮三斤。”（《汉书·文帝纪》）“老者非帛不煖，非肉不饱”就是来自孟子的“五十非帛不煖，七十非肉不饱”。这种尊老养老政策为历代所仿效。东汉阳嘉三年（134年）“赐民年八十以上米人一斛，肉二十斤，酒五斗；九十以上加赐帛人二匹，絮三斤”；建和二年（148年）“年八十以上赐米、酒、肉，九十以上加帛二匹，绵三斤”；唐贞观二十三年（649年）高宗即位，命“诸年八十以上赉以粟帛”；宋大中祥符三年（1010年）“年九十者授摄官，赐粟帛终身，八十者爵一级”；明洪武十九年（1386年）“诏有司存问高年，贫民八十以上月给米五斗，酒三斗，肉五斤；九十以上岁加帛一匹，絮一斤。鳏寡孤独不能自存者岁给米二十石”（《明史·太祖本纪》）。对老年人不仅赏赐给食物，有的还给予官位，唐景龙二年（708年）赐“天下妇人八十已上版授乡、县、郡等君”，景云三年（712年）“特赐老人九十已上绯衫、牙笏，八十已上绿衫、木笏”。许多朝代还采取免除儿子丁税的方式以养老，明洪武元年（1368年）命“民年七十以上一子复”，免除一个儿子的徭役。

汉文帝即位后还“赐天下鳏寡孤独穷困及年八十已上、孤儿九岁已下布帛米肉各有数”，这也是采用了孟子的主张：“老而无妻曰鳏，老而无夫曰寡，老而无子曰独，幼而无父曰孤。此四者，天下之穷民而无告者。文王发政施仁，必先斯四者。”此后救济鳏寡孤独成为历代的善政，东汉明帝即位后两个月即下诏令赐“鳏寡孤独笃癃粟人十斛”，顺帝阳嘉元年赐“鳏寡孤独笃癃、贫不能自存者粟人五斛”，唐贞观十三年（639年）命“有八十已上及孝子顺孙、义夫节妇、鳏寡孤独、有笃疾者赐物各有差”，宋淳化元年“赐鳏寡孤独钱”，元至元八年（1271年）“敕诸路鳏寡孤独疾病不能自存者官给庐舍薪米”，明洪武元年（1368年）命“鳏寡孤独废疾者存恤之”。

清高宗御制亚圣孟子赞碑亭

碑在孟子庙殿前

孔孟思想成为封建社会指导思想以后，孟子的政治主张更多地被采用，在历史上发挥了积极的作用。在史书中，孟子的“民为贵”、“保民而王”、“制民之产”、“有恒产”、“与民同乐”、“取于民有制”、“尊贤使能”、“一怒而安天下之民”、“不召之臣”、“不嗜杀人”、“以德行仁”、“以德服人”、“箪食壶浆”、“大旱之望云霓”、由“拯己于水火”化来的“救民于水火”等施政观点比比皆是。

孟子认为“不嗜杀人者能一之”，只有不爱好杀人的人才能统一天下。汉高祖刘邦攻入秦都咸阳，与民约法三章，“杀人者死，伤人及盗抵罪”，以后为历代所仿效。苏辙曾说：“予观汉高祖、光武、唐太宗及我太祖皇帝能一天下者四君，皆以不嗜杀人致之。其余杀人愈多而

亚圣殿

位于湖南湘潭文庙内。

天下愈乱，秦晋及隋力能合之，而好杀不已，故或合而复分，或遂以亡国焉。”将汉高祖、光武帝、唐太宗、宋太祖统一天下归功为不嗜杀人。明太祖曾与群臣分析自己得天下的原因说：“朕遭时丧乱，初起乡土，本图自全。及渡江以来，观群雄所为，徒为生民之患，而张士诚、陈友谅尤为巨，士诚恃富，友谅恃强，朕独无所恃，惟不嗜杀人。”将自己的成功归之于不嗜杀人。清康熙皇帝也将自己的功绩归之于“未尝妄杀一人”，“削平三藩，绥辑漠北，悉由一心运筹，未尝妄杀一人”。

孟子主张“取于民有制”，向百姓征收赋税有一定的制度，历代王朝都注意这一点。宋孝宗曾说：“国家财赋取于民有制。”清雍正皇帝说：“朕思孟子言治国之道首称取于民有制，所谓有制者即一定额征之数也。若税课之属无显然额征之数，则官吏得以高下其手，而闾阎无所遵循，即如从前各处税课经地方官征收，有于解额之外多数倍者，且有多至数十倍者。既无一定之章程，则多寡可以任意，其弊不可胜言。属员既已贪取，上司必致苛求；官员既已营私，胥役必至横索；日积月累，渐有增加之势而难于稽查，岂非民生之隐患乎？朕是以允从条奏所请及九卿所议，令各省督抚委员监收，以定科则，其征收不及旧额者亦令奏闻，降旨裁减，年来报出赢余之处，朕皆令留于本地，或作各官养廉之需，或为百姓公事之用，使官员用度有赖，自不妄取民财。”雍正皇帝很清楚地认识到，如果国家不规定赋税的定额，官员、胥吏高下其手，赋税会高达几倍甚至几十倍。

历代的臣子们也以孟子的言论规谏君主的行为，魏征曾多次劝谏唐太宗，他说："陛下为民父母，抚爱百姓，当忧其所忧，乐其所乐。自古有道之主，以百姓心为心"，"孟子曰：君视臣如手足，臣视君如腹心；君视臣如犬马，臣视君如国人；君视臣如粪土，臣视君如寇仇。虽臣之事君无有二志，至于去就之节当缘恩之厚薄。然则为人主者，安可以无礼于下哉！"宋范祖禹上疏说："古之明王欲治天下，先正其本，其本在于人君一心而已。天下治乱出于君心，君心一正则万事无不正。孟子曰：君仁，莫不仁；君义，莫不义；君正，莫不正。一正君而定矣。"苏轼上奏说："孔子曰一言可以兴邦，而孟子曰一言正君而国定。"朱熹上疏说："孟子所谓学问之道无他，求其放心而已矣者正谓此也。诚能严恭寅畏，常存此心，使其终日俨然不为物欲之所侵乱，则以之读书，以之观理，将无所往而不通，以之应事，以之接物，将无所处而不当矣。此居敬持志所以为读书之本也。"张居正以孟子言论教导明神宗："人君布德修政，以结民心为本。天下之患，每出所防之外，秦亡于戍卒，故天时不如地利，地利不如人和。"

历史上一些有所作为的政治家也往往从孟子思想中寻找理论武器，特别是那些改革家。王安石在《上仁宗皇帝言事书》中大量引用孟子的言论作为自己改革的理论基础，他说："臣以谓无法度者何哉？

天时不如地利、地利不如人和图
王新安绘

方今之法度多不合乎先王之政故也。孟子曰：有仁心仁闻而泽不加于百姓者，为政不法于先王之道故也。以孟子之说，观方今之失，正在于此而已”，“孟子曰：徒法不能以自行，非此之谓乎？然则方今之急在于人才而已”。而其具体的改革措施很多都受到孟子主张的影响。如用方田均税法清丈全国土地，查出被大官僚、大地主隐瞒的土地，按照土地面积和土地等级征收赋税，减轻了中小地主和农民的负担，也增加了国家收入，毫无疑问这是受到孟子“夫仁政，必自经界始”的影响。张居正改革主张“省征发以厚农而资商，轻关市以厚商而利农”，推行一条鞭法，将赋役合一等也都是受到孟子思想的影响。

思想上的影响

孟子思想在中国思想史上产生的影响主要反映在孟子辟异端和理学的发展上。

孟子生活的战国时代，是中国社会空前激烈变革的时期，也是中国思想界空前活跃的时期。随着士阶层的觉醒和崛起，讲学之风盛行，代表社会各阶级、阶层利益的思想家纷纷著书立说，产生了儒、道、墨、法、名、农、杂、纵横、阴阳等学派，各学派在社会伦理、礼法制度、政治主张以及天道观、认识论、名实关系等问题上展开激烈的争论，形成了百家争鸣的局面。政治上法家、纵横家得势，学术上墨家、农家影响很大，儒家思想的影响相对较弱。正如孟子所说：“圣王不作，诸侯放恣，处士横议，杨朱、墨翟之言盈天下。天下之言不归杨，则归墨。”（《滕文公下》9）诸侯放纵恣肆，士子们横发议论，杨朱、墨翟一派

继往圣坊

坊在孟子庙，是孟子庙的第一道侧门。

的言论充塞天下，天下士子们的言论不是归于杨朱一派就是归于墨翟一派。

杨朱是魏国人，古书中又称为杨子、阳子居、阳生，生平事迹不详，也没有著作传世。相传他反对墨家的“兼爱”主张和儒家的伦理思想，重视保存个人生命，主张“贵生”、“重己”、“全性葆真，不以物累形”，反对别人侵夺自己，也反对侵夺别人。墨翟（约前468—前376），春秋战国之际的思想家，相传为宋国人，但长期生活在鲁国。主张“尚贤”、“尚同”，认为“官无常贵，民无终贱”，反对贵族世袭和儒家的尊尊亲亲．试图以上说下教的方法“使饥者得食，寒者得衣，劳者得息，乱者得治”；主张“非乐”、“节用”、“节葬”，反对“繁饰礼乐”和奢侈享乐的生活；主张“兼相爱，交相利”，反对儒家的爱有差等；主张“非命”，反对儒家的天命观；主张“非攻”，反对战争；主张“赖其力者生，不赖其力者不生”，重视生产；以“兴天下之利，除天下之害”为教育目的，努力实践“摩顶放踵，利天下，为之”的精神。

孟子认为：“杨子取为我，拔一毛而利天下，不为也；墨子兼爱，摩顶放踵利天下，为之。”（《尽心上》26）杨朱主张为我，即使拔一根汗毛而有利于天下也不干，墨子主张兼爱，即使摩秃头顶、走破脚跟而有利天下也要做。杨朱主张为我是连君主也不要，墨子主张爱无差等最终连父亲也不会爱，所以他批判杨墨说：“杨氏为我，是无君也；墨氏兼爱，是无父也，无君无父，是禽兽也。”他认为：“杨墨之道不息，孔子之道不著，是邪说诬民，充塞仁义也。仁义充塞，则率兽食人，人将相食。吾为此惧，闲先圣之道。距杨墨，放淫辞，邪说者不得作。”杨墨的学说不消亡，孔子的学说就不会显明，这就使邪说欺骗人民，堵塞仁义。仁义被堵塞，就像率领野兽来吃人，人与人将互相蚕食。所以孟子感到忧惧，决心捍卫孔子的思想，批驳杨墨的学说，排斥这些荒诞的言论，使杨墨邪说不得兴起。

孟子也曾批判过农家思想（详细见孟子生平中的游滕一节），但是后世对孟子批判农家思想并不重视，特别推许孟子批判杨墨的功绩。西汉扬雄评价说：“古者杨墨塞路，孟子辞而辟之，廓如也。”其后唐

开来学坊

在孟子庙，是孟子庙的第一道西侧门。

代韩愈，宋代欧阳修、韩琦、杨时、朱熹、宋理宗，元代杨奂，明代薛瑄，清代圣祖、高宗等在赞颂孟子时都突出了这一点。

孟子思想的最大影响是促进了宋明理学的发展。理学研究的核心问题是性和天道，由于孔子很少谈论这方面的问题，“夫子之言性与天道，不可得而闻也”，而孟子主张性善，所以理学主要是继承和发展孟子的思想。

人性问题是战国以后思想家们激烈争论的话题，孟子主张性善，荀子主张性恶，告子认为性没有什么善与恶，董仲舒认为性有善有恶有中，王充、荀悦、韩愈等将董仲舒的学说发展成性三品说。宋代理学家们其实是以孟子的性善论为基础的，由于孟子的性善论难以解释人为什么有好有坏，性为什么有善有恶，于是他们又吸收荀子性恶论的部分观点，将人性分成天地之性和气质之性，提出了性二元论的观点。他们认为天地之性是宇宙万物之性，所以又称其为天命之性、本然之性、义理之性，在人就是未出生之前所共有的本性，是纯善无恶的。气质之性是万事万物有了形体之后而有的性，在人就是出生之后与身心相结合的具体本性，因人而异，有善有恶。

理也是战国以后哲学家们热衷谈论的一个哲学命题。在儒家学派中是孟子首先谈及的，他说：“心之所同然者何也？谓理也，义也。”理，本来是指事物的规律，但是到宋代理学家程朱那里，理就成为最高的哲学范畴。程颢主张天理说，“天者理也”，理是宇宙万物的本源，是先于天地万物而存在的。陆王心学认为理是人心本来就有的，宋代陆九渊认为心即理，“人皆有是心，心皆具是理，心即理也”，明代王守仁认为“心外无物，心外无言，心外无理，心外无义”，主张求理于内心，反对到心外求理。理学不论哪一派，都受到孟子思想的很大影响。朱熹的弟子陈淳认为理包括命、性、心、情、才、志、意、仁义礼智信、忠信、忠恕、诚、敬、恭敬、道、理、得、太极、皇极、中和、中庸、礼乐、经权、义礼、鬼神、佛老等二十五个范畴，这些范畴在《孟子》中就提到了十七个。

孟子庙亚圣殿内景

人格修养上的影响

孟子提出了仁义礼智、孝悌忠信等比较完整的道德伦理体系和人性修养理论，在坚持儒家伦理的前提下，通过采用立志、思诚、内省、自反、寡欲、养气和动心忍性等一系列具体的存心养性的方法，经过尽心、知性、知天和存心、养性、事天这样一个人道与天道相统一的过程，就能提高自己的道德水平，培养自己的浩然之气，培养出“富贵不能淫，贫贱不能移，威武不能屈”的大丈夫品格。

泰山气象门额

孟子所说的浩然之气至大至刚，与义、道相配合才不会空虚，依靠义的不断积累才能产生，依靠正直去培养才能充塞

泰山气象门

孟子庙的第三道门，据程子赞扬孟子的“仲尼天地也，颜子和风庆云也，孟子泰山岩岩之气象也”命名。

天地之间。要培养自己的浩然之气，必须为人正直，行动符合道义。孟子一向重视义，义是人生最正确的道路，人必须居仁由义，为了义，可以牺牲自己的生命，“生，亦我所欲也，义，亦我所欲也，二者不可得兼，舍生而取义者也”。

孟子所说的大丈夫品格，是“居天下之广居，立天下之正位，行天下之大道。得志，与民由之；不得志，独行其道。富贵不能淫，贫贱不能移，威武不能屈，此之谓大丈夫”。一个顶天立地的大丈夫，要居住在仁爱这个天下最宽广的住宅里，站立在礼仪这个天下最正确的位置上，行走在道义这个天下最宽广的大道上。如果能够实现自己的理想，就与人们一同行走在正道上，施恩惠给人民，如果不能够实现自己的理想，就独善其身，坚守自己的志向和节操。在享受富贵时绝不会迷乱自己的心志，身处贫贱时绝不会改变自己的操守，面临敌人的威胁时绝不会改变自己的气节。人要居仁，守礼，行义，培养自己的品德，在任何情况下都坚守自己的节操，同时还要恩惠及人。要有人溺己溺、人饥己饥的救世精神，“禹思天下有溺者，由己溺之也；稷思天下有饥者，由己饥之也”，要像大禹那样，一想到天下有淹在水中的人就像自己被淹一样，要像后稷那样，一想到天下有挨饿的人就像自己挨饿一样，赶快去救助他们。

孟子浩然之气的精神境界和大丈夫品格，培养造就了中国人的优秀品质。宋末名臣文天祥两次被俘，任凭元人利诱威胁，面折敌酋，痛骂贰臣，始终坚贞不屈，最后惨遭杀害，真正体现了孟子的浩然之气和大丈夫品格。他在狱中写下的名垂千古的《正气歌》，更是中华民族精神的写照。他在序中说“浩然者，天地之正气也”，诗说：“天地有正气，杂然赋流形。下则为河岳，上则为日星。于人曰浩然，沛乎塞苍冥。皇路当清夷，含和吐明庭。时穷节乃见，一一垂丹青。”赞颂齐国太史和晋国董狐不惧死亡秉笔直书，汉代苏武被逼北海牧羊仍然持节不降，宁愿断头而不降的

孟子庙古柏

孟子庙古柏高耸挺拔，树冠很小，但有大丈夫的气概。

严颜，志在北伐鞠躬尽瘁的诸葛亮，骂贼不降被割去舌头的颜杲卿，渡江击楫立志收复中原的祖逖，猛击叛贼被杀的段秀实等许多仁人志士。接着说：“是气所磅礴，凛烈万古存。当其贯日月，生死安足论。地维赖以立，天柱赖以尊。三纲实系命，道义为之根。”浩然正气撑起

孟子庙碑林

孟子受到历代人的尊崇，许多人来孟子庙拜谒、题诗、撰文赞颂。

了中华民族精神的脊梁。

在海外的传播与影响

孟子的思想传到海外后，在日本、朝鲜、越南和欧美各国家都产生了很大影响。

在日本的传播与影响

孟子思想传入日本的时间史书没有记载，因此难以确定具体的时间。日本学者一般认为，滋野贞所撰、天长四年（827年）成书的《经国集》中已经引用了《孟子》，宽平年间（889—897）的《日本国见在书目》中也有《孟子》一书，这充分说明，早在9世纪初，《孟子》就已经传入了日本。其实，孟子思想传入日本的时间还要早一些。推古十二年（604年），日本颁布《宪法十七条》，其中第十四条说："群臣百僚，无有嫉妒。我既嫉人，人亦嫉我，嫉妒之患，不知其极。所以智胜于己则不悦，才优于己则嫉妒。是以五百岁之后乃今遇贤，千载以难待一圣，其不得圣贤何以治国？"毫无疑问，其中的"五百岁之后乃今遇贤"是从《孟子》中的"由尧舜至于汤五百有余岁"、"由汤至于文王五百有余岁"、"由文王至于孔子五百有余岁"化来的，这足以说明7世纪初日本人已经读到过《孟子》。《古事记》记载，应神天皇时朝鲜半岛的百济博士和迩吉师来到日本，献上《论语》十卷。《日本书纪》记载应神天皇十六年王仁来到日本，教太子菟岛稚郎子学习经典。应神天皇十六年，按照《日本书纪》记载，可推算为公元285年。由于日本早期没有文字，第一本历史书《古事记》是712年编写的，没有纪年，《日本书纪》是720年成书的，虽有纪年，但所记载的天皇许多在位七八十年甚至百年以上，日本学者也不敢将其当做信史对待，因此285年的推算也不可信。后来学者们根据"是年，百济阿花王薨"的记载，参照朝鲜《三国史记》推算为公元405年。这样说来，5世纪初，日本人就已经开始学习中国经典。早期日本主要是通过朝鲜半岛接受中国文化，朝鲜半岛则直接从中国接受中国文化，梁大同七年（541年），中国就开始应百济的要求向百济派遣经学博士。推古天皇八年（600年），日本第一批遣隋使到达中国，开始直接从中国接受先进文化。那时，日本文化远远落后于中国，日本人如饥似渴地学习中国文化，《孟子》完全有可能在当时传入日本。

日本高远藩校进德馆供奉的孟子木雕像

推古天皇八年以后，日本不断向中国派出遣隋使、遣唐使，到宽平六年最后一次派遣遣唐使，先后向中国正式派出使者22批，其中16批到达中国。日本使者每次都带大批留学生和学问僧随行，最多的一次多达594人。留学生和学问僧奉命学习中国先进的思想文化和政治、经济等制度，许多人在华留学二三十年，回国时携带大批的中国典籍，“所得锡赉，尽市文籍，返海而还”，宽平年间《日本国见在书目》中有《孟子》是毫不奇怪的。

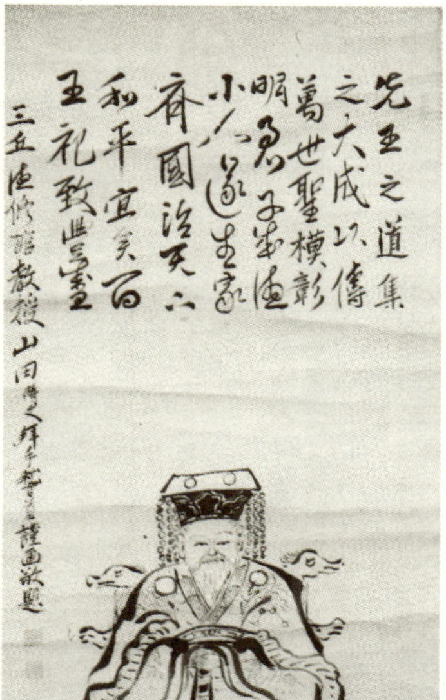

熊毛德修馆的孔子和孟子等四配画像

《孟子》在日本真正产生影响是在理学传入以后。理学传入日本的具体时间也是史无记载，据日本东洋文库现存的《中庸章句》抄本后面的“正治二年三月四日大江宗光”题字看，在1200年日本就已经接触到宋代理学，这个《中庸章句》的抄本比其成书仅晚了11年。解释《孟子》的理学著作传入日本大约在13世纪初，现在东福寺保存的《普门院经论章疏、语录、儒书等目录》中就有"晦庵集注《孟子》"、《孟子精义》两种，普门院的这批书籍是圆尔辨圆于仁治二年（1241年）从中国返回时带来的。

理学传入日本后，由于当时日本正处于战乱时期，一开始主要在僧人之间传播，后来僧人也向天皇、幕府将军、执权（当时日本实际的执政者，天皇、将军都是傀儡）和地方诸侯大名进行宣传。后醍醐天皇将理学引入皇宫，擢用"只依《周易》《论》《孟》《大学》《中庸》立义"的理学信徒们，在元弘三年（1333年）打倒了镰仓幕府，夺回了丧失近五百年的皇权，虽然只是昙花一现，但已经显示了理学的作用。

室町时期，理学逐渐被重视，慢慢地向地方传播。康历三年（1380年），义堂周信向幕府将军足利义满进讲《中庸》《孟子》，听讲以后足利义满想专门学习《孟子》，义堂周信告诉他中国人是先学习《大学》的，治理国家首先要明德、正心、修身。文龟元年（1501年），日本已经将四书五经进行和点，即在汉语原著上按照每一个汉字的训诂意义标注上日语假名，将汉语直读变成汉语译读，《孟子》被和点，随之传播到日本各地。据记载，享禄二年（1529年），明经博士清原家嫡传清原宣贤就为能登守护畠山义总等讲《孟子》《论语》等儒经。

江户时期，理学主要是朱子学成为日本国家的指导思想，《孟子》越来越被重视。德川幕府第一代将军德川家康曾经说："予常闻儒生讲经书，深知欲为天下之主者不可不通《四书》之理，即不能全通，亦当熟玩《孟子》一书。"第五代将军德川纲吉八年间曾经二百四十次向大名（诸侯）、公

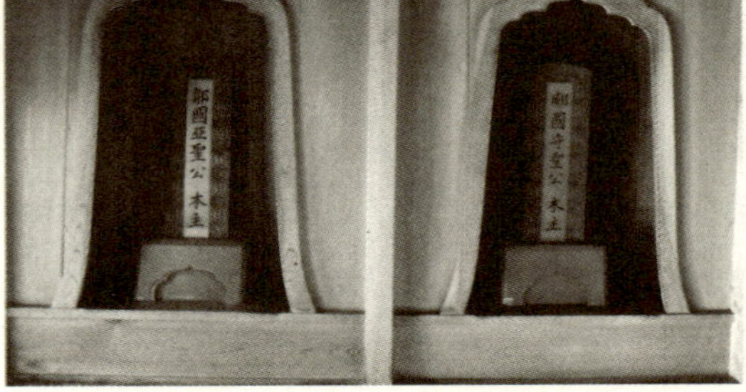

熊毛德修馆的孟子牌位

卿讲解《四书》等儒家经典，刊印包括《孟子》在内的《四书集注》分赐听讲的大名、公卿、武士，并分赠各地寺庙。幕府还创办直辖学校昌平坂学问所，教育幕府臣僚及其子弟，并接收各藩学生，创办学习院，教育朝臣。学问所、学习院主要学习《四书》《诗经》《尚书》《孝经》等儒家经典。

汤岛圣堂大成殿内景

上为孔子，左下为孟子，左上为曾子，右上为颜子，右下为子思。

日本江户时期也产生了朱子学派、阳明学派等理学学派，还有反对朱子学的古学派、古义学派、古文辞学派等。朱子学派、阳明学派都受到《孟子》的很大影响；古文辞学派虽然反对程朱理学，批判《大学》《中庸》“非孔孟真血脉”，但是大力推崇《论语》和《孟子》。

受幕府将军重视理学、兴学设教的影响，各地大名纷纷创办学校。学校一般也建造孔子庙，或者在学校内祭祀孔子，也有个别学校仿造中国制度，奉祀孟子等四配。如幕府直辖学校昌平坂学问所的汤岛圣堂、高远藩校进德馆、多久邑乡校东原庠舍圣殿、会津藩校日新馆大成殿都有奉祀的孟子塑像；熊毛宍户邑德修馆奉祀孟子等四配的牌位，还有孔子和四配的画像；水户弘道馆孔子庙、萩藩明伦馆圣堂、长崎圣堂等都奉祀有孟子等四配的牌位。

汤岛圣堂大成殿内的孟子塑像

萩藩明伦馆孔子和孟子等四配牌位

水户藩校孔子庙内的孔子和孟子等四配牌位

孟子思想作为儒家思想的一部分在日本历史上产生了很大影响，对日本的思想、文化、经济、文学艺术以及日本民族的精神、伦理、风俗等的形成发展都发挥了一定的作用。现在，孟子思想在日本仍然有很大的影响，许多学者仍在进行孟子思想的研究和普及。

在朝鲜半岛的传播与影响

孟子思想传入朝鲜半岛的时间史书也没有记载，因此难以确定具体的时间。中国与朝鲜半岛山水相连，自古交往密切，相传商末箕子北走朝鲜；秦灭六国，许多燕国、齐国、赵国人避难至朝鲜半岛南部。汉初中国人卫满建立朝鲜王朝，武帝元封三年（前108年）灭卫氏朝鲜，在半岛北半部设置四郡，派遣汉族官吏前往管理，已经将孔子思想引入朝鲜半岛，由于当时孟子思想尚未受到国家重视，因此孟子思想尚未传入朝鲜半岛。

孟子思想传入朝鲜半岛应该在新罗时期。善德女王九年（640年），“遣子弟入唐，请入国学”，派遣留学生到唐朝学习。当时的官费生由唐朝供给生活费用，新罗王朝每人给买书银三百两。赴唐的留学生很多，“学生去来者相踵”，有的还在唐朝考中进士，被尊为朝鲜文学之祖的崔致远就是在唐咸通十五年（874年）考中进士的。新罗留学生大多学成归国，归国时携带许多中国典籍，晚唐时，《孟子》经韩愈等人的提倡已经成为相当重要的著作，完全有可能被留学生带回新罗。而且当时新罗已经建立国学，实行三品出身法，即读通儒经就可以入仕为官。“读《春秋左氏传》，若《礼记》，若《文选》，而能通其义，兼明《论语》《孝经》者为上；读《曲礼》《论语》《孝经》者为中；读《曲礼》《孝经》者为下；若能兼通《五经》、三史、诸子百家书者，超擢用之。”其中的“诸子百家书”也应该包括《孟子》。

北宋时，高丽与宋朝关系良好，交往频繁。淳化四年（993年），高丽国王“上言愿赐板本《九经》书，用敦儒教”，宋太宗答应了高丽的要求。熙宁七年（1074年），宋神宗命国子监将刊印的《九经》和子、史诸书卖给高丽使者。早在大中祥符五年（1012年），真宗曾命孙奭等编撰《孟子音义》，书成后由国子监刊印，大中祥符七年，国子监献上刻印的《孟子》和《孟子音义》，真宗命赐给辅臣各一部。既然《孟子》已经刊印，宋神宗令国子监卖书给高丽，不可能不包括此书，而熙宁四年（1071年）已经将《孟子》列为科举考试的必考经书，高丽也不会不提出购买此书。高丽国王喜爱图书，“宣王运仁贤好问，每贾客市书至，则洁服焚香对之”，忠顺王元年派人到中国江南购书，在南京一次就购书一万零八百卷。北宋后期，高丽的藏书就已经非常丰富。元祐六年（1091年），宋朝向高丽索要中国书籍，高丽向中国赠送图书128种5101卷，其中绝大多数是中国典籍，甚至有《子思子》《公孙尼子》《尸子》等书，不知什么原因却没有《孟子》。宋元丰七年（1084年），朝廷命以孟子配享孔子庙，位于颜回之次。高丽宣

韩国济州乡校大成殿内孔子和孟子等四配牌位

宗六年（1089年）“修葺国学，移文宣王像于顺天馆”，八年九月“图七十二贤像于国子监壁上，其位次依宋国子监名目次第，其章服皆仿十哲”，元宗九年（1268年）将孟子等四配由画像改为塑像。这也可以说明，此时《孟子》应该传入了朝鲜半岛。遗憾的是，中国和朝鲜半岛的文献中都没有此前《孟子》传播到朝鲜半岛的记载。

朝鲜半岛最早记载传入《孟子》是在13世纪后期。忠烈王十五年（1289年），左副承旨安珦随高丽世子王谌（即后来的忠宣王）来到元大都，获得新刊的《朱子全书》，携《朱子全书》和《四书集注》回国，并开始在国学讲授。比安珦晚九年入元的白颐正回国时也携带了《四书集注》，不久权溥将其“铸板以广流传”。到高丽末年，程朱理学已经大兴，理学者李穑、郑梦周等都在国学大讲理学。当时高丽只有朱熹的著作，郑梦周讲说发越，超出人意，听者怀疑，后来得到胡炳文的《四书通》才发现无不吻合，李穑评价说：“梦周论理，横说竖说，无非当理。”推其为东方理学之祖。

据朝鲜史书记载，忠穆王即位当年（1344年），始将《孟子》列为科举考试内容，“改定初场试六经义、《四书》疑，中场古赋，终场策问”，此记载不知是否准确。中国从宋熙宁四年（1071年）将《孟子》与《论语》一样列为兼经，不论诗赋科还是经义科一律考试《孟子》，金、元沿袭。元皇庆二年（1313年）确定，科举考

韩国天安乡校大成殿内的孟子等人牌位

试南人（原南宋人）、汉人（北方汉族人）与蒙古人和色目人分开进行，蒙古人和色目人考试简单，南人、汉人考试内容复杂，但都考试《孟子》。南人、汉人第一场：明经，经疑二问，《四书》内出题，用朱熹集注，经义一道，《五经》内各治一经；第二场：古赋、诏、诰、章、表文体内任科一道；第三场：策一道，经史时务内出题。次年，元朝派遣使者到高丽颁发科举诏书。高丽三十年后才遵用元朝办法似乎是不可能的，因为那时元朝对高丽控制非常严格，而且高丽也送进士去参加元朝的科举考试，忠肃王四年（1316年）、十九年（1331年）都有高丽进士考中元朝进士，考试内容不同，似乎是不应该的。

李氏朝鲜王朝以儒家思想作为统治思想，程朱理学成为官方哲学，《孟子》得到更广泛的传播。中国皇帝不时赐给包括《孟子》在内的儒家经典，世宗八年（1426年）、十五年（1433年）使者入觐，明朝皇帝都赐给五经四书，八年时还赐给了新刊的《性理大全》，景宗三年（1723年）赐给《朱子全书》等。朝鲜不时刊印《孟子》，并将《孟子》等儒经颁给地方。成宗六年（1475年）“命赐四书五经于平安、永安两道，俾儒生愿学者学之”，二十五年铸癸丑铜字，“命芸馆而印之，无书不印”，仁祖二十一年“命颁经书各十件于清北各邑”，显宗六年将“《四书》、三经、《性理大全》《通鉴》、先儒文集多印下送，俾远方士子诵法经典、习知典礼”。国家规定士子必须学习包括《孟子》在内的儒家经典，朝鲜王朝制定的《学令》明确规定：“诸生读书，先明义理，通达万变，不须徒事章句，牵制文义。常读四书五经及诸史等书，不挟庄老、佛经、杂流百家子集等书，违者罚。”学生只准读四书五经和正史，连挟带百家子集都要惩罚。朝鲜学者也纷纷著述，著名理学家李滉著有《四书释疑》，尹根寿著有《四书吐释》，李德弘著有《四书质疑》，赵翼著有《四书困得编》，还有著者不详的《孟子纂要》等。为便于学习，著名学者李珥还用朝鲜语解说《孟子》，著有《孟子谚解》七卷。

孟子思想传入朝鲜半岛以后产生了很大影响，出现了很多理学家。理学大师李滉主张理一元论，“理为气之帅，气为理之卒”，提出

韩国首尔原国学成均馆文庙的祭祀场景

“四端理之发”、“七情气之发”的观点；另一位大儒李珥主张理气二元论，“非理则气无所根柢，非气则理无所依著”，提出“四端理发而气乘之，七情气发而理乘之”的观点。这场“四七之争”延续了三百多年，许多研究理学者都参与其中，在朝鲜半岛产生了很大影响，这也成为朝鲜半岛特有的现象，争论的原点其实就是孟子的“四端”说和“养气”说。

正因为孟子的重大影响，所以从11世纪起朝鲜半岛国家就在各级学校文庙内奉祀孟子，孟子位居四配之中，至今仍然享受人们的祭祀。现在仍有许多学者致力于研究孟子思想，韩国还成立了孟子学会。

在越南的传播与影响

越南是中国的近邻，很早就接受中国思想文化的影响，特别是从秦始皇在越南北部设置象郡开始，一直到968年独立，越南北、中部被中国管理一千多年，受到中国思想文化的很大影响。

秦末社会动乱，龙川令、行南海尉赵佗趁机自立为南越王，他“以诗书而化训国俗，以仁义而固结人心”，将儒家思想引入越南并作为治理理念。汉武帝灭南越后，越南中、北部成为中国郡县，由中央政府派去的官吏进行治理。派往的官吏大多习儒出身，他们在越南建立学校，用先进的中原文化、礼俗进行教化，如西汉的锡光，东汉的任延、马援、士燮，魏晋南北朝时期的陆胤、陶璜、杜慧度，隋朝的令狐熙，唐朝的王福畤、马总、高骈等，都曾在越南兴办学校，大力推行儒家思想，提高了越南民众的文化水平，也获得越南历史学家的高度赞誉，越南《四字经》就赞颂士燮说："三国吴时，士王为牧。教以诗书，熏陶美俗。"中原文化的教化熏陶，提高了越南人的文化水准，东汉时越南就举荐孝廉到中央政府为官，唐代时越南人又与中原人一样参加科举考试，许多越南人考中进士在中原为官，姜公辅甚至当上了宰相。

由于史料有缺，孟子思想传入越南的时间不详，从越南长期被中国管理的情况推测，很可能早在唐朝时孟子思想就传入了越南，最晚也不会晚于北宋时期。北宋中期，中国已经将《孟子》列为科举考试的必试内容，越南仰慕中国文化，处处仿照中国的制度，在中国将《孟子》列为科举考试必试经书之前也已经进行科举考试。那时越南李朝还向北宋求购书籍，虽然主管部门反对售书给越南，但是皇帝还是允许儒经可以出界，越南一定会购买《孟子》的。《孟子》在越南出现最早的确切时间是在越南的陈朝元丰三年（1253年），九月"诏天下儒士诣国子院讲《四书》《六经》"，既然是诏令天下儒士到国子院讲《四书》，那就说明《四书》此前已经传入了越南，否则就不会有能够讲解《四书》的儒士了。

孟子塑像

原在越南河北省加林县文庙，现在河内国子监文庙大成殿内。

《孟子》作为《四书》之一传入越南后，就在越南产生了很大影响。一是得

到最高统治者的重视。陈绍隆十五年（1272年），圣宗“诏求贤良明经者为国子监司业，能讲谕《四书》《五经》之义入侍经幄”，寻找能够解说《四书》《五经》的人进入经幄向国王传授，国王也热衷于学习《孟子》等儒家经典。阮朝时国王、太子都学习儒家经典，学习的内容包括《日讲四书解义》等，皇子入学，先读《小学》，依次攻读《四书》《五经》，间之以史书，对经书要能背讲，标准也是很高的。

二是《孟子》成为科举考试的必试内容。越南独立后不久就仿照中国进行科举考试，李朝太宁四年（1075年）开始实行科举制度，其后历代都断断续续地举行。当时越南整体文化水平较低，神武二年（1070年）建造孔子庙和国子监，六年后“选文职官员识字者入国子监”，识字者就可以进入国子监学习。所以当时科举考试内容也很简单，贞符十年（1185年）“试天下士，自十五岁能通诗书者侍学经筵”，十五岁以上能通诗书就可以随同国王学习。《孟子》作为科举考试的内容应该是从兴隆十二年（1304年）开始的，这年科举考试“先以《医国篇》《穆天子传》暗写汰冗，次则经疑、经义并诗……三场制、诏、表，四场对策”，经疑就是在《四书》内出题。此后历代王朝的科举考试内容中都有《孟子》。陈光泰九年（1396年）废除暗写。胡朝开大二年（1404年）规定科举考试仿照中国元朝办法。后黎朝绍平元年

越南河内国子监文庙内的进士题名碑

后黎朝刻立，共82块。

越南顺化国子监文庙内的进士题名碑

阮朝刻立，有28块。

(1434年)，确定科举考试内容，“第一场经义一道，《四书》各一道，并限三百字以上；第二场制、诏、表；第三场诗赋；第四场策一道，一千字以上”。光顺三年（1462年）规定乡试第一场考试《四书》经义五题，不考《五经》。洪德三年（1472年）规定会试的第一场《四书》八题，其中《论语》四题，《孟子》四题，举子从中选择四题作文，《五经》每经三题，举子自选一题，将《孟子》置于与《论语》相同而超过《五经》的地步。

三是《孟子》成为学校的教科书，越南早期的教育是与中国相同的，教育的目的是培养能够治理国家的人才，选拔人才的途径就是科举考试。科举考试内容中有《孟子》，所以学习的内容也必定有《孟子》。到元朝末期，越南“民间俊秀子弟八岁入小学，十五入大学。其诵读诗书，谈性理，为文章，皆与中国同”。明朝占领越南后，于永乐十七年（1419年）“遣监生唐义颁赐《五经》《四书》《性理大全》”等书于越南“府州县儒学”。绍平二年（1435年)，后黎王朝刚刚稳定，就刻出了《四书大全》木版，龙德三年（1734年）又刻印《四书》《五经大全》等颁发各地学校。阮朝明命十六年（1835年)，国王向国子监颁发《四书》《五经》和《小学集注》各五十部，向国子监和各省学校颁发《四书》《五经》和《四书人物备考》各1170部。国家还制定《课士法》，规定各社选择一名德行文学人士，免除徭役，令其教育本社子弟，规定儿童八岁起开始学习《小学》《孝经》和《忠经》，十二岁以上读《四书》，十五岁以上读《五经》。国家在许多省份刻印《四书大全》和《五经大全》，同时还允许官吏百姓自行刻印销售。

四是越南学者也纷纷著书，阐释孟子思想。越南第一位大儒朱安（1292—1370）撰写了越南第一部理学著作《四书说约》，以后黎贵

惇（1726—1784）著有《四书略解》，阮超著有《四书备讲》，阮文瑞著有《论孟子有感》。越南沦为法国殖民地以后，被强行改用拼音文字，越南学者就将《孟子》等儒家经典翻译成新越南语，潘佩珠所著的《孔学灯》中涉及《孟子》的内容，就是用新越南语写成的。

五是享受越南人的祭祀。越南奉儒家思想为国家的指导思想，所以也与中国一样，在各级学校内都建有奉祀孔子及儒家代表人物的文庙。文庙以孔子为主祀，也有四配、十二哲、先贤、先儒等，孟子为四配之一。越南《大越史记全书》记载李朝神武二年（1070年）“修文庙，塑孔子、周公及四配像，画七十二贤像，四时享祀”，那时中国尚无四配之名，而且孟子也尚未配享孔子庙，毫无疑问此记载是后世史家追记所误。孟子的配享应该是从明朝占领越南开始的，此后越南的后黎朝、阮朝都遵行祭祀。

孟子的思想在越南历史上影响很大，清乾隆二十五年(1760年)，安南国（即后黎朝）使者去北京朝觐，回程时专门去邹城拜谒孟子庙，正使陈辉淧、副使黎贵惇、郑春澍都赋诗抒怀，并刻碑孟子庙。

孟子牌位及神龛

会安文圣庙大成殿内，四配两人一个神龛，孟子与曾子一龛。

瞻拜大贤丛祠敬题

陈辉淧

气象岩岩泰一巅，尼山而后得心传。
济时念念曾三宿，行道言言至七篇。
仁义莫移权谲习，干戈谁挽泰和年。
赍书幸到钟灵地，仰止丛祠拜大贤。

谒孟庙谨赋

黎贵惇

堂堂亚圣任宗师，道学渊源本子思。
晋楚富强守我慊，齐梁昏惑更谁知？
发明正脉唐韩愈，注释遗篇汉赵岐。
有宋表彰功论定，斯文千古日星垂。

瞻拜孟庙肃赋一律

郑春澍

峄山融结秀灵钟，后素王兴爵上公。
一道纲维三圣上，六经精蕴七篇中。
忧时尽辟诸家谬，救世平分四载功。
遐逖此番知有幸，秉懿好德副有衷。

越南独立后，南部尊孔崇儒，照常举行祭祀活动，并将西贡的文武大街改名为孟子大道。

越南也是受儒家思想影响较深的国家，孟子的思想对越南的思想、文化、政治、经济以及风俗习惯等都产生了重要影响，而且至今还在发挥着潜移默化的作用。

越南使者拜谒孟子庙碑

现在孟子庙东路杞国公殿前。

在南洋的传播与影响

孟子思想传入南洋，主要是通过迁

居的中国人传播的。

早在唐朝时期，中国人就已经南下南洋，到15世纪初，随着郑和七下西洋，南下的中国人逐渐增多，18世纪海禁大开，许多中国人迁居到马来西亚、新加坡、泰国、缅甸、印度尼西亚、菲律宾等国家谋生。南下谋生的中国人大多出身穷困，文化水平不高，但是他们自幼接受儒家思想的影响，仍保持着尊师重教的传统美德，稍有积蓄，他们就在移居国集资兴学设教，富有者甚至从国内聘请教师在家开馆。早期移居南洋的中国人只是为了挣钱谋生，大多数人并没有长期定居的打算，由于受光宗耀祖观念的影响，有的人甚至希望后代能够金榜题名，所以教育的内容、方式与国内并没有太大的差别，主要学习《论语》《孟子》等四书五经。

印度尼西亚是中国人移居最早的国家之一，早在唐朝末期就有中国人定居，元朝远征爪哇时又有流散军人定居，元末明初华人梁道明在三佛齐（今苏门答腊巨港）称王，"闽粤军民泛海从之者数千家"，中国人逐渐增多。到郑和下南洋时，巨港和东爪哇的杜板都有上千家的华人聚集区，市场交易也是使用中国铜钱。

印尼华人重视教育，"稍能识字明理之店主或富户，于经商之余，在家、在店内教以习字、珠算，兼及'增广'、'幼学'、《千字文》《百家姓》"，主要进行蒙学教育。1690年，在今雅加达就出现了明诚书院这种专门的教育机构，到19世纪末，印尼就出现了369家学堂，招收学生6622名。

随着越来越多的华人长期在印尼定居，许多华人后代慢慢地已经不懂华语，为了满足华人了解中华文化的需要，从19世纪后期开始，一些华人学者将中国典籍翻译成当地语言，或者用当地语言编写出版介绍中国思想文化的著作。

印尼华人非常重视传承中国传统文化，1912年中国孔教会成立后不久就在梭罗、泗水、三宝垄成立了孔教会，1923年又成立了孔教总会。由于20世纪60年代印尼实行排华政策，禁止华人学习汉语，禁止孔教，造成许多华人不懂华语。解禁后，华人很快恢复了华语教育，孔教会也加快了发展，现在孔教会有会员一百多万，设有八十多个教

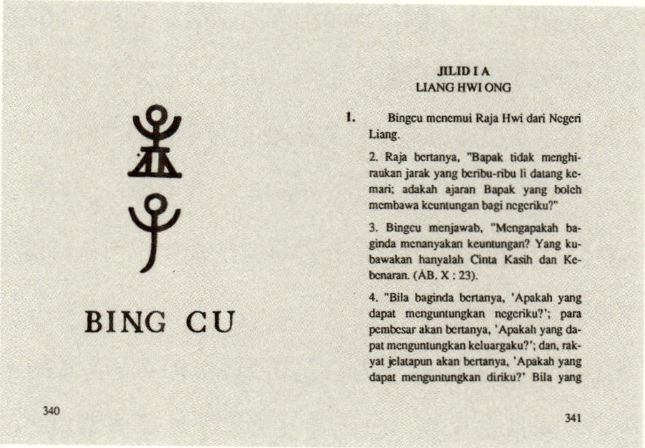

孟子

BING CU

340

JILID I A
LIANG HWI ONG

1. Bingcu menemui Raja Hwi dari Negeri Liang.

2. Raja bertanya, "Bapak tidak menghiraukan jarak yang beribu-ribu li datang kemari; adakah ajaran Bapak yang boleh membawa keuntungan bagi negeriku?"

3. Bingcu menjawab, "Mengapakah baginda menanyakan keuntungan? Yang kubawakan hanyalah Cinta Kasih dan Kebenaran. (AB. X : 23).

4. "Bila baginda bertanya, 'Apakah yang dapat menguntungkan negeriku?'; para pembesar akan bertanya, 'Apakah yang dapat menguntungkan keluargaku?'; dan, rakyat jelatapun akan bertanya, 'Apakah yang dapat menguntungkan diriku?' Bila yang

341

印尼文《孟子》部分内容

堂，定期开展布道等普及活动，孟子思想的影响也越来越大。

马来西亚也是华人最早移居的国家之一，郑和下南洋时就在马六甲建立了后勤基地。

早期华人主要进行私塾教育，1819年在槟城创办了五福书院，学习内容都是以《四书》《五经》为主。进入现代教育阶段，华人于1906年在吉隆坡创办了尊孔中学。马来西亚独立后，国家只开办以马来文、英文进行教学的国民学校，限制华文教育，但是华人坚持保持民族传统，集资开办华文学校，现在开设有一千四百多所华文中小学校。近年由于中国经济的快速发展，中华文化也越来越受到重视，不少马来人子弟也到华文学校学习，孟子思想在马来西亚的影响也越来越大。

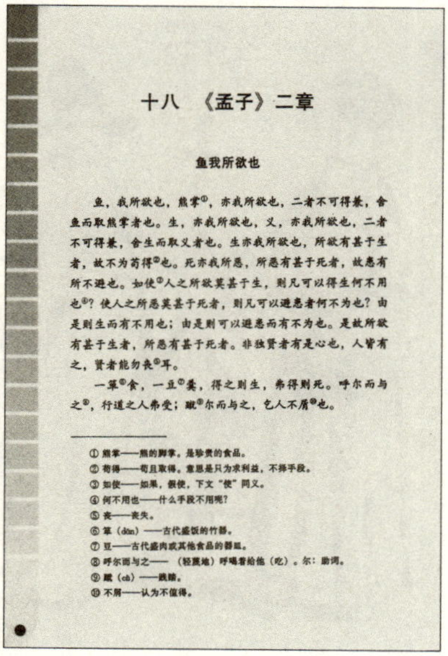

十八 《孟子》二章

鱼我所欲也

鱼，我所欲也，熊掌[1]，亦我所欲也，二者不可得兼，舍鱼而取熊掌者也。生，亦我所欲也，义，亦我所欲也，二者不可得兼，舍生而取义者也。生亦我所欲也，所欲有甚于生者，故不为苟得[2]也。死亦我所恶，所恶有甚于死者，故患有所不避也。如使[3]人之所欲莫甚于生，则凡可以得生何不用也[4]？使人之所恶莫甚于死者，则凡可以避患者何不为也？由是则生而有不用也；由是则可以避患而有不为也。是故所欲有甚于生者，所恶有甚于死者。非独贤者有是心也，人皆有之，贤者能勿丧[5]耳。

一箪[6]食，一豆[7]羹，得之则生，弗得则死。呼尔而与之[8]，行道之人弗受；蹴[9]尔而与之，乞人不屑[10]也。

① 熊掌——熊的脚掌，是珍贵的食品。
② 苟得——苟且取得。意思是只为求利益，不择手段。
③ 如使——如果，假使，下文"使"同义。
④ 何不用也——什么手段不用呢？
⑤ 丧——丧失。
⑥ 箪（dān）——古代盛饭的竹器。
⑦ 豆——古代盛肉或其他食品的器皿。
⑧ 呼尔而与之——（轻蔑地）呼喝着给他（吃）。尔：助词。
⑨ 蹴（cù）——践踏。
⑩ 不屑——认为不值得。

马来西亚华文中学课本《华文》高一上册中的《孟子》篇章

新加坡也是华人移居较早的国家，18世纪60年代就有五万多华人居住，现在华人占全国人口的70%，成为中国以外华人比例最大的国家。

新加坡华人也非常重视传统

文化，1849年就创建了崇文阁，1954年改建成萃文书院，20世纪初还建造了崇福女中，1955年创建了南洋大学，成立了华文教育委员会，进行华文教育。华人在新加坡早期的教育主要也是学习《四书》《五经》等儒家经典，新加坡独立后曾经于20世纪80年代在中学三、四年级开设宗教课，为不愿学习宗教知识的学生开设儒家伦理课，但是持续了七年就因停止宗教知识课而停止了。

孟子思想的传播主要由华人自己组织，1914年成立的南洋孔教会经常举行讲座和征文比赛，出版普及《孟子》等儒家思想的书籍；1979年成立的孔孟圣道院也经常开班宣讲孔孟伦理思想；1984年成立的新加坡儒学研究会、2000年成立的儒学联合会等都曾经举办过学术讨论会，儒学研究会还经常举办儒学讲座，出版普及刊物。

在欧洲的传播与影响

孟子思想传入欧洲是在明朝晚期。万历十年（1582年），意大利传教士利玛窦（1552—1610）来到中国，他发现向中国人传教十分艰难，中国人只信孔子，根本就不信什么上帝，于是他就转而研究儒学。中国博大精深的思想文化吸引了利玛窦，十二年后他就将《孟子》等儒家经典翻译成拉丁文在欧洲出版，第一次将孟子思想介绍到欧洲。利玛窦涉及中国思想文化的日记《基督教传入中国史》在欧洲先后以意大利文、拉丁文、法文、德文、英文出版发行，英文译者序称它对“欧洲文学、科学、哲学、宗教及生活方面的影响，或许要超过17世纪其他任何的史学著作”。

利玛窦与徐光启

二战后，意大利创立了中意文化学院，创立者马可尼曾请汉学家讲《孟子》，并将《孟子》翻译出版。

狄德罗像 （1713—1784）

法国哲学家、文学家、启蒙思想家。

法国接触孟子思想较晚，但却是孟子思想产生影响最大的欧洲国家。万历三十九年（1611年），法国传教士金尼阁来到中国，将《五经》译成拉丁文出版。一百年后，比利时传教士卫方济将《孟子》等儒家经典译成法语出版。1687年，法国皇帝路易十四下令出版了拉丁文版的《中国哲人孔子》，其中包括《孟子》，该书的中文名称就叫《西文四书直解》。除翻译《孟子》外，法国在18世纪还先后出版了介绍中国思想文化的《耶稣会士书简集》《中华帝国全志》和《北京耶稣会士中国纪要》等关于中国的三大名著，其中都有关于孟子思想的内容。

孟子的思想对法国的资产阶级革命产生了重大影响。法国资产阶级革命前，普鲁凯就以孟子的“性善说”作为反对霍布斯“性恶说”的理论根据。法国民主革命派反对君主专制制度，也以孟子的思想作为理论武器，他们认为：“即使最先进的理论，也没有孟子的‘民为贵，社稷次之，君为轻’更为激进。”狄德罗在其主编的《百科全书》中详细介绍了中国哲学发展的历史，其中也介绍了《孟子》，十分钦佩儒学只以理性或真理就可以治国平天下。法国著名启蒙思想家伏尔泰非常推崇孔孟思想，他说：“我曾好好地读过孔子的四书五经，我从那里撷取到不少的东西，我发现四书五经是一个最纯洁的道德，丝毫没有半点虚伪内在。”美国学者威尔·杜兰曾说：“我们一提到伏尔泰，就想到孔子和孟子。卢梭和伏尔泰都分别受到老庄和孔孟的影响。”法国大革命以后，仍有许多学者研究孟子的思想，曾在中国河间布道的传教士顾赛芬就翻译出版了《四书》等儒家经典。法国学术界对孟子的评价是很高的，《拉鲁斯大百科全书》就介绍说：“孟子认为，宇宙万物本体是道德的（精神的），人的道德准则也就是宇宙万物

伏尔泰（1694—1778）

法国启蒙思想家、作家、哲学家。

的精神准则。人能充分发展其天性，就能感觉到不存在自己与他人之间的差别以及人与宇宙万物之间的差别。因此，孟子给人性以比孔子更为明确的阐述。”

在向中国传教方面，英国是个后来者。清嘉庆十二年（1807年），英国传教士马礼逊才来到中国，但他主要是收集情报和中国书籍。到19世纪六七十年代，英国传教士才意识到研究儒家思想的重要性，到80年代才将《四书》《五经》等翻译成英文出版。除翻译《孟子》等儒家经典外，英国人也研究儒学，介绍孟子的思想。休中诚的《中国古代哲学》就介绍了孔子、孟子等思想家，并专章介绍《孟子》，他赞扬孟子是“政治哲学家和心理学家”。二战后，英国才开始重视研究中国文化，一些大学也教授《孟子》等儒家经典和文学名著。

德国研究中国思想文化比较晚，所以孟子思想传入德国也比较晚。早期德国人主要是通过欧洲其他国家的学者和书籍了解孟子及其思想，一直到19世纪末，才将《论语》《孟子》等儒家经典翻译成德文出版。二战期间，德国的中国研究遭到严重破坏，战后才逐渐恢复，《孟子》也被有的大学列为选读课。儒家思想传入德国虽然较晚，但在历史上曾发挥过重大作用。德国18世纪启蒙运动时，儒家思想曾造成一定影响，但到了康德和黑格尔时期，儒家的影响就逐渐式微了。

俄国沙皇彼得大帝于1700年下达了派人来华留学的指令，清政府专门建造了接待俄罗斯留学生的俄罗斯学馆，从国子监派遣教师进行教育，主要教授儒家思想。同时俄罗斯还派遣传教士来中国收集情报。传教士一面收集情报，一面研究中国思想文化，翻译中国典籍。

传教士比丘林曾把《孟子》翻译成俄文，并撰写了《中国的国情和习俗》等介绍中国思想文化的著作，书中说：“《孟子》是一位古代圣人论述道德的著作”，“四书包括着关于道德和治国的最纯正的概念”。1904年，曾任沙俄驻北京总领事的著名汉学家波波夫也将《孟子》翻译成俄文，以《中国哲学家孟子》为书名出版。

彼得一世（1672—1724）

孟子思想在西方的传播，中国人也发挥了重要作用。曾经游历德、意、法、奥诸国的中国著名学者辜鸿铭曾将《四书》翻译成外文。

儒家思想传入欧洲时，正是欧洲资产阶级革命的前夜，资产阶级思想家们高举理性的旗帜，反对封建专制制度，反对封建神权，儒家的元神论、德治思想、以农为本的经济思想、将政治道德融为一体的伦理思想，使他们“发现了一个崭新的精神和物质世界”，成为他们反封建、反神权的理论武器，因此儒家思想受到热捧。但是，随着资产阶级工业革命的成功，西方经济迅速发展，而中国在西方列强的侵略下日渐衰落，经济上的落伍使得中国思想文化逐渐被冷落、被忽视，儒家思想传入欧洲后虽然造成一阵轰动，但很快也就冷清了下来。近年随着中国经济的快速发展，欧洲也越来越重视中国思想文化，加强了对儒家思想，当然也包括孟子思想的研究。

在美国的传播与影响

美国是对中国研究成果最突出的西方国家。

1830年，美国第一个传教士裨治文来到中国，但是到19世纪末期，美国传教士就多达一千五百多人，成为在中国势力最大的外国教会。早期美国传教士主要进行情报搜集，但是在传教的过程中，他们意识到在中国根深蒂固的儒家思想是他们传教的最大障碍，于是他们开始研究儒家思想，向美国介绍中国思想和文化，许多传教士成为美国第一批汉学家。1832年，裨治文创办《澳门月报》，向西方介绍中国思想、历史和民风民俗等情况。1842年，传教士还与美国外交官共同成立美国东方学会，以“传布东方知识，增进东方语言学研究”为宗旨，开展对东方古代思想文化的研究，先后创办了《美国东方学会杂志》《美国东方学丛刊》等学术杂志。

传教士们还纷纷著书介绍中国思想文化。卫三畏于1848年出版了两卷本的《中国总论》，他在书中说：“孔子的著作同希腊和罗马哲人的训言相比，它的总旨趣是良好的，在应用到它所处的社会和优越的实用性质则超出了西方的哲人……四书五经的实质与其他著作相比，不仅在文学上兴味隽永，文字上引人入胜，而且还对千万人的思想施加了无可比拟的影响。由此看来，这些书所造成的势力，除了《圣经》以外，是任何别种书都无法与之匹敌的。”高度评价了四书（包括《孟子》）五经的价值及其在历史上发挥的作用。卫三畏回国后受聘担任耶鲁大学设置的第一个中国学讲座的第一位教授，他极力主张把孔孟思想与基督教思想结合起来，利用儒家经典开展在中国的传教事业。在中国的传教士兴办学校，也将儒家经典作为必修课，要求学生一般都要读完《孟子》等儒家经典。如狄考文创办的登州文会馆，相当于小学程度的备斋就规定第一年和第二年分别读完《孟子（上）》和《孟子（下）》，中学程度的正斋第二年安排学习《孟子》。

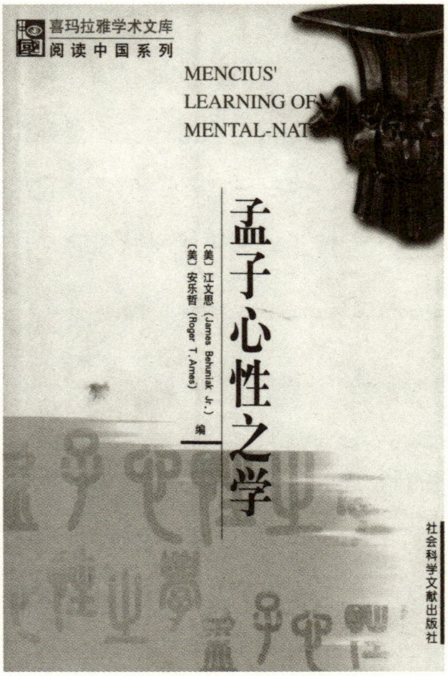

美国学者的孟子论文集

《孟子》传入美国的具体时间不详，但1843年美国学者艾默生就读到了《四书》译本，这说明《孟子》在这之前就已经进入美国。

美国的学者们对孟子的人性论非常重视，葛瑞汉、安乐哲、华霭仁、刘述先、信广来、斯卡帕里、刘易斯等就孟子的心性之学进行了讨论，并结集为《孟子心性之学》出版，该书还被翻译成中文出版。

美国人对孟子的评价是很高的，由美国学者和英国学者联合编写的《新不列颠百科全书》中说：“孟子是坚持站在公开拥护以民为本和人民有权享受仁政，否则就应进行革命这样一种立场上”，“孟子通过探究自身的内在天性和合适的发展之道来扩展儒家关于仁的概念”，孟子是“仅次于孔子的重要导师”，“就孟子来说，他认为统一天下的秘诀就是实现王道——即实行仁政与德政，这样做则远远胜过自作聪明的欺诈和诉诸暴力”，《孟子》“比《论语》更富于文学色彩”。

孟子年谱

1 岁　公元前 372 年，周烈王四年，己酉。

孟子大约出生于这年。

15 岁　公元前 358 年，周显王十一年，癸亥。在邹。

孟子大约在此时受业于子思门人。

20 岁　公元前 353 年，周显王十六年，戊辰。在邹。

孟子欲休妻。

41 岁　公元前 332 年，周显王三十七年，己丑。在邹。

答邹穆公问，劝行仁政。(《梁惠王下》12)

43 岁　公元前 330 年，周显王三十九年，辛卯。在邹。

到任国，拜访季任，报赠币。(《告子下》5)

回邹，与屋庐子论重礼。(《告子下》1)

与曹交论“人皆可以为尧舜”。(《告子下》2)

答万章问士之不托诸侯（《万章下》6)，约在此年。

答万章问不见诸侯（《万章下》7)，约在此年。

答陈臻问君子出仕（《告子下》14)，约在此年。

答陈代问不见诸侯（《滕文公下》1)，约在此年。

44 岁　公元前 329 年，周显王四十年，齐威王二十八年，壬辰。在齐。

赴齐，过平陆，责孔距心不尽职（《公孙丑下》4)，约在此年。

齐相储子派人送礼至平陆（《告子下》5)，约在此年。

见齐威王，论孔距心知过。(《公孙丑下》4)

与屋庐子论不拜谢储子的理由（《告子下》5)，约在此年。

齐相储子来访，孟子谈尧舜与人同。(《离娄下》32)

45 岁　公元前 328 年，周显王四十一年，齐威王二十九年，宋王偃后元元年，癸巳。由齐赴宋。

劝蚳蛙向齐威王进谏（《公孙丑下》5)，约在此年。

与匡章论陈仲子清廉（《滕文公下》10)，约在此年。

与公都子就匡章交往论孝（《离娄下》30），约在此年。

与告子论性善、仁内义外等问题（《告子上》1—4），约在此年。

与公都子论性善（《告子上》6），约在此年。

批评乐正子到齐不立即来见（《离娄上》24），约在此年。

离齐，齐国赠金不受。（《公孙丑下》3）

46岁 公元前327年，周显王四十二年，宋王偃后元二年，甲午。在宋。

万章问齐、楚伐宋（《滕文公下》5），约在此年。

戴盈之问减税，以攘邻之鸡为喻答（《滕文公下》8），约在此年。

47岁 公元前326年，周显王四十三年，宋君偃后元三年，乙未。在宋。

与戴不胜论宋君少贤人（《滕文公下》6），约在此年。

与句践论说客，"穷则独善其身，达则兼善天下"。（《尽心上》9）

会滕国世子，道性善，言必称尧舜。（《滕文公上》1）

48岁 公元前325年，周显王四十四年，宋王偃后元四年，丙申。离宋回邹。

离宋，宋赠金七十镒。

过薛，薛赠金五十镒。

与陈臻论受赠。（《公孙丑下》3）

绝粮于薛邹之间。

49岁 公元前324年，周显王四十五年，丁酉。由邹之滕。

在邹，滕文公派然友问丧礼。（《滕文公上》2）

在滕，滕文公问治国。（《滕文公上》3）

滕文公派毕战问井田。（《滕文公上》3）

滕文公问事齐还是事楚（《梁惠王下》13），约在此年。

滕文公问事大国（《梁惠王下》15），约在此年。

50岁 公元前323年，周显王四十六年，戊戌。在滕。

与墨者夷之论爱有差等（《滕文公上》5），约在此年。

与农家陈相论社会分工与等价交换。（《滕文公上》4）

51岁 公元前322年，周显王四十七年，梁惠王后元十三年，己亥。在滕。

答滕文公问齐人城薛。（《梁惠王下》14）

答馆人问失屦（《尽心下》30），约在此年。

53岁　公元前320年，周慎靓王元年，梁惠王后元十五年，辛丑。在梁。

与梁惠王论仁义治国。(《梁惠王上》1)

与梁惠王论与民偕乐。(《梁惠王上》2)

与梁惠王论养生丧死无憾。(《梁惠王上》3)

与梁惠王论恶政杀人。(《梁惠王上》4)

与梁惠王论施仁政。(《梁惠王上》5)

54岁　公元前319年，周慎靓王二年，梁惠王后元十六年，壬寅。在梁。

与周霄论君子之仕(《滕文公下》3)，约在此年。

与公孙丑论短丧。(《尽心上》39)

与白圭论二十取一税率(《告子下》10)，约在此年。

与白圭论治水(《告子下》11)，约在此年。

批评梁惠王不仁(《尽心下》1)，约在此年。

55岁　公元前318年，周慎靓王三年，梁襄王元年，齐宣王二年，癸卯。

由梁之齐。

见梁襄王，论不嗜杀人。(《梁惠王上》6)

之齐，途经范地，见齐王子，叹“居移气，养移体”。(《尽心上》36)

答齐宣王问齐桓、晋文。(《梁惠王上》7)

答齐宣王问交邻国之道。(《梁惠王下》3)

答齐宣王问毁明堂。(《梁惠王下》5)

答齐宣王问文王之囿。(《梁惠王下》2)

雪宫答齐宣王问论与民同乐。(《梁惠王下》4)

论齐宣王好乐(《梁惠王下》1)，约在此年。

与齐宣王论进贤。(《梁惠王下》7)

任齐客卿，约在此年。

56岁　公元前317年，周慎靓王四年，齐宣王三年，甲辰。在齐。

与公孙丑论管、晏(《公孙丑上》1)，约在此年。

与公孙丑论四十不动心(《公孙丑上》2)，约在此年。

与彭更论传食诸侯(《滕文公下》4)，约在此年。

57岁　公元前316年，周慎靓王五年，齐宣王四年，乙巳。在齐。

出使滕国吊丧，王驩为副使，独断专行。(《公孙丑下》6)

58岁　公元前315年，周慎靓王六年，齐宣王五年，丙午。返鲁归齐。

与沈同论伐燕。(《公孙丑下》8)

齐宣王问并燕。(《梁惠王下》10)

齐宣王问诸侯救燕，建议撤兵置燕君。(《梁惠王下》11)

返鲁葬母。

60岁　公元前313年，周赧王二年，齐宣王六年，戊申。由邹返齐。

鲁平公欲见孟子，臧仓以孟子母丧逾父丧阻之（《梁惠王下》16)，约在此年。

议慎滑厘为将（《告子下》8)，约在此年。

与充虞论葬母（《公孙丑下》7)，约在此年。

齐宣王问臣弑君（《梁惠王下》8)，约在此年。

与齐宣王论用己长（《梁惠王下》9)，约在此年。

与陈臻论开仓赈济（《尽心下》23)，约在此年。

吊公行子之丧，王驩公开责难孟子（《离娄下》27），约在此年。

与齐宣王论尽职（《梁惠王下》6)，约在此年。

61岁　公元前312年，周赧王三年，齐宣王七年，己酉。辞官由齐返邹。

燕人叛，齐宣王“吾甚惭于孟子”，批陈贾文过饰非。（《公孙丑下》9)

托病不朝（《公孙丑下》2)，约在此年。

齐宣王问卿（《万章下》9)，约在此年。

与齐宣王论君臣关系。(《离娄下》3)

请求辞官归邹，齐宣王派人挽留。(《公孙丑下》10)

与淳于髡论辞职去齐。(《告子下》6)

与淳于髡再论去齐。(《离娄上》17)

昼人请留。(《公孙丑下》11)

尹士论孟子去齐。(《公孙丑下》12)

与充虞论去齐。(《公孙丑下》13)

公孙丑问仕不受禄。(《公孙丑下》14)

道遇宋轻于石丘，论谏阻秦楚交兵。(《告子下》4)

62 岁　公元前 311 年，周赧王四年，庚戌。在邹。

83 岁　公元前 290 年，周赧王二十五年，辛未。在邹。

《孟子》约此时成书。

84 岁　公元前 289 年，周赧王二十六年，壬申。

孟子约于此年冬至日去世。

主要参考文献

［汉］赵岐［宋］孙爽：《孟子注疏》。

［宋］朱熹：《孟子章句集注》。

［清］戴震：《孟子字义疏证》，中华书局 1982 年版。

［清］焦循：《孟子正义》，中华书局 1987 年版。

［清］江钟秀：《孔孟图歌》，光绪三十年。

［清］陈锦：《重纂三迁志》，光绪五年。

钱穆：《先秦诸子系年》，上海书店 1992 年版。

杨伯峻：《孟子译注》，中华书局 1960 年版。

杨焕英：《孔子思想在国外的传播与影响》，教育科学出版社 1987 年版。

刘培桂：《孟子大略》，泰山出版社 2007 年版。

鲁国尧、马智强：《孟子全译》，江苏古籍出版社 1998 年版。

夏传才：《孟子讲座》，清华大学出版社 2008 年版。

王其俊：《孟子解读》，泰山出版社 2004 年版。

董洪利：《孟子研究》，江苏古籍出版社 1997 年版。

山东省邹县政协文史委员会编：《孟子家世》，中国文史出版社 1991 年版。

丁冠之：《孟子研究论文集》，山东大学出版社 1997 年版。

孔祥林：《图说孔子》，山东友谊出版社 2006 年版。

再版说明

《图说孔子》《图说孙子》《图说管子》《图说孟子》是“中国哲圣人物丛书”的首批推出书目。该系列丛书用“图说”的新形式图文并茂地介绍了中国古代哲圣人物，出版以来深受广大读者的喜爱，并输出了日文版、英文版版权。其中《图说孔子》还获得“山东省优秀图书奖（文学类）”“2014年度输出版优秀图书奖”等奖项，并入选首批“中国图书对外推广计划”重点推荐图书。

本次再版对全书文字重新进行了校正，对引文进行了严谨核定，修改了一些错误和不够严谨的地方，但难免会有不足之处，恳请读者提出宝贵意见，使这套丛书通过不断打磨，臻于完善。

山东友谊出版社
2016年1月

图书在版编目（CIP）数据

图说孟子／孔喆著．—2版．—济南：山东友谊出版社，2016.3

ISBN 978-7-5516-1022-3

Ⅰ．①图… Ⅱ．①孔… Ⅲ．①儒家②《孟子》－通俗读物 Ⅳ．B222.5-49

中国版本图书馆CIP数据核字（2016）第043515号

主管单位：山东出版传媒股份有限公司
出版发行：山东友谊出版社
地　　址：济南市英雄山路189号　　邮政编码：250002
电　　话：出版管理部（0531）82098756
　　　　　市场营销部（0531）82098035（传真）
印　　刷：山东临沂新华印刷物流集团
版　　次：2016年3月第2版
印　　次：2016年3月第2次印刷
规　　格：168mm×245mm
印　　张：12.75
字　　数：180千字
定　　价：32.00元